大齡人生

列出願望清單、設計安可職涯，
下半場人生也能成為夢想的起跑點！

# 樂齡的幸福課

## 設計你的下半場人生

魏惠娟、王梅　著

推薦序

# 老不掉牙，還可發新芽！

◎曾光華（國立中正大學企業管理學系教授）

老態、老套、老頭子、老不死、人老珠黃、倚老賣老……帶有「老」的詞或成語經常帶有貶義，而「變老囉」、「老了一歲」也成了社交的禁語。面對「每一分每一秒都在老化」的事實，許多人不想、不敢、也不知道如何面對，嚴重者甚至否定事實、心生恐懼。怎麼辦？

很幸運，「臺灣樂齡學習之母」魏惠娟教授和她的高徒（也是資深媒體人）王梅聯合執筆的這本大作，教我們如何用對方法坦然面對「老」。本書將擲地有聲的學術理論平民化，讓讀者讀得下、讀得懂、讀出興趣、讀出知識；將全球知名人士快樂學習、忘記年齡的故事躍然紙上，讓讀者感受「有為者亦若是」；栩栩如生地道出身邊小人物與作者如何認真學習、樂以忘憂的事蹟，讓讀者感覺「我也可以做到」，而興起仿效心理。

本書不僅讓讀者轉換觀念、坦然面對變老，更重要的是為如何度過下半場人生提出具體可行的方法。絕大多數人在退休之前的生活是被安排好的，退休以後沒有老闆的吩咐、團隊的要求、業績的壓力，從「忙」掉入「茫」，一時之間不知如何是好。「活躍老化的下半場人生，不是自然而能，與學歷也無絕對的關係，關於老後，有太多知識與技能是以前我們都沒有學過的，無論教育程度高低，只要沒有學習，就容易使自己處於風險中。」

因此，本書提出活躍老化的五個層面二十七個主題，加上九十天人生藍圖設計，讓讀者得以實踐樂齡學習，「為自己發明了新的身分，自創一種新的工作型態」。這也符合成人教育一再強調的，「退休是指從工作職場退出，轉換進入到另一個生涯領域，並不是從你的人生退場。」

總結而言，超過五十歲的人都該閱讀本書，才能以無畏的精神、務實的方法邁向「老不掉牙，還可發新芽」的新境界。

推薦序

# 別成為七竅通六竅的大人！

◎蘇達貞（蘇帆海洋文化藝術基金會董事長）

正當我埋首於「不老革命」的論述時，接到王梅要我為她的新書寫推薦序的指令。

認識王梅有十年了，她每次都拿我的話來塞我的嘴：

「你說划獨木舟比騎摩托車安全，那人家有不老騎士，你敢成立不老水手嗎？」

我只好說：「敢啊！」

「你說輪椅族沒有腳，不應該去騎腳踏車，應該來划獨木舟，那你敢成立不殘水手嗎？」

我只好說：「敢啊！」

「你說海不是用眼睛看，而是要用心來感受，那你敢成立視障者的黑暗水手嗎？」

我只好說：「敢啊！」

當王梅又一次激我說：「你說蘇帆海洋文化藝術基金會是NGO（非政府組織），也是NPO（非營利組織），但不是慈善團體，那算不算是社會企業？」這次我學聰明了，我沒有回答是、也沒有回答不是，我反將一軍說：「沒有社會企業這種東西，所謂企業是以營利為目的，所謂社會是不以營利為目的，兩者互為對立的名詞連在一起就是矛盾！」

我以為這次換我把她的話塞回她的嘴巴了，沒多久，王梅拿了一本名為「社會企業」的書給我，五百多頁，我隨便翻了幾頁敷衍過去，過沒兩天，她不死心地問：「看了沒有？」我理直氣壯地回說：「看了，是一群無德的學者為了掩飾無能的政府無法照顧社會弱勢團體所編出來的謊言。」

我以為我再次說贏了她，但她後來以高齡學生的身分進入國立中正大學成人及繼續教育學系研究所就讀碩士班，她用具體行動委婉地向我表示：「把你的話吞回去！」

我們之間並沒有因而結下嫌隙，因為兩年後王梅取得該所的碩士學位，她的碩士論文就是以黑暗水手為題材，我還被邀請為她學位論文的口試委員。

我們之間的話題好像一直都圍著「老」這個字打轉，也許我們兩個一直都存有老人危機意識，想把危機變成轉機，她說：「『老』這個字要重新定義，至少不能以年齡來做為老或不老的標的，現在連政府部門都用『熟齡』、『樂齡』這樣的字眼來提倡銀髮族要活躍老化。」我又抓住語病地回說：「能活躍就不是老化，已老化就無法活躍，只能活躍不老，無法活躍老化，所以是不老革命，而不是活躍老化。」再次抓住機會，申述我的不老革命主張：「生老病死的觀念，應該轉念成只有生與死、沒有老與病。」

在此書中，王梅提到「我正在進入一個美麗老世界」，述說熟齡、樂齡之後（不是老化以後），她的心境轉折與視野開拓，雖然她不小心地又把「老」字給加了進去，但也用了她自己的現身說法，讓書名「樂齡的幸福課」難能可貴地有了作者真人真事的案例。

當然斜槓槓得最斜的，莫過於書中所提到的郭健中醫師，從急診室醫生槓成導遊、再槓成健身教練、再槓成長照看護，讓人嘖嘖稱奇，但若因此就誤認為郭醫師是轉換跑道的達人，那就大錯特錯了，就我對郭醫師的了解，他應該是「一樣通百樣通」的那一種人，當你花了十年至二十年的時間專心、用心、恆心地弄通一件事，自然而然其他的九十九件事也會順理成章地被你弄通。我想這是此書最應該被注意到的內涵。

年輕的讀者可能會誤以為，本書所謂的斜槓就是多方面嘗試各種事情，這個弄不通就換另一個，甚至一次同時弄個十來個，看看哪一個可以碰巧被你弄通。大約十年前，我曾經這樣註解過我的一個學生，我說：「你七竅通了六竅！」他一直以為這句話是在讚美他，因為就只差一竅了。十年後，他工作換了十幾個，女朋友換得更多，他應該還沒體會出，他其實是「一竅不通」、「一個女朋友都沒有」。

誠如作者魏惠娟教授在書中所提出的，「持續」、「堅持」才是「斜槓」的祕訣，而且任何微不足道的一小步，都應該從今天就跨出去。就好像書中所說的，多少大人都有「退休田園夢」，都以此為開創斜槓人生的第一槓，但究竟有多少人槓出花朵果實？應該少之又少。因為就算是簡單的除草、澆水、施肥的「一日農夫」體驗，都要等到退休之後才要去做、存到一千萬元之後才要去做、等到兒女成家立業之後才要去做、等到父母百年之後才要去做、等環遊世界回來才要去做、甚至是和太太離婚之後才要去做，只要你的決定是「明天才要去做」，那都等於是「下輩子才會去做」。

推薦序

# 玩出熟齡美麗新境界

◎郭念洛（國立教育廣播電台《銀髮新視界》節目製作、主持人）

過了五十歲，您還有夢想嗎？

每回進行熟齡活動與課程時，總會問熟齡朋友這個問題，回饋聲最大的竟然是「不敢想」。為什麼「不敢想」？由於沒有人有過「老」的經驗，必須走過才知道。麻煩的是，當走過時，傳統社會對於「老」的刻板印象不是病、就是殘、衰弱、死亡以及沒有生產力，如此年老色衰的樣貌，再加上年輕時，早已將畢生精力投入於社會與家庭，屆臨退休時誤判以為「養兒防老」、「含飴弄孫」、「環遊世界」就能度過餘生，然後科技醫療進步、社會與經濟型態改變的推波助瀾下，使得壽命延長、少子化、獨居人口增加，才驚覺過往思維無法套用於今天變老的自己；於是不斷的期望透過追求心靈轉化，提升自己，但卻連自己的「想要」、「需要」與「必要」都搞不清楚，那麼又遑論設計人生下半場。

二〇二〇年七月八日在南海學園錄音室，邀請王梅姊分享著魏惠娟教授第一次在臺北舉辦的暑期「熟年見習學堂」課程，這項課程是系統式帶領著熟齡朋友，操練如何為自己建立一套結構性的退休生活模式，聊著聊著王梅姊預告魏教授即將出版《樂齡的幸福課：設計你的下半場人生》，隨手就將書稿遞過來說：「念洛，站在製作銀髮族節目主持的角度，為教授新書寫個推薦序吧！」霎時間，內心著實惶恐，但又莫名欣喜。惶恐的是自九十七年度起，臺灣各地方政府積極配合教育部設立樂齡學習中心開始，國立教育廣播電臺《銀髮新視界》節目因而誕生，為製作適切的「活躍老化」議題，一直都追隨著魏教授的腳步進行採訪，因此，深怕推薦不夠深入，有損本書價值；欣喜的是，有幸分享這本「老後」非常實用好書，相信未來會有更多熟齡朋友不再因為「老」的牽絆而活出精采生命價值。

開始著手寫推薦心情，刪刪改改無數回，因為紙短情長，無法在有限文字中將書裡每個章節的好看與實用處做閱讀後心得彙整，所以保留製作銀髮節目至今十多年來，最大的感觸。前述提過，現今熟齡朋友多數「有意識」自己正在變老，但面對老化的到來……

我們該做些什麼？

怎麼做？

我能做得到、做得好嗎？

過去種種輝煌似乎漸漸都將歸零，內心有著無法捉模與不安的情緒，該怎麼辦？

本書魏教授真實且貼切的描述熟年玻璃心，閱讀文字就有著被理解的感動，然後誠摯邀請熟齡朋友們，您只要亦步亦趨的跟隨著書中三十堂課來檢視並認真的學習、操作，您將真正體會到古羅馬的哲學家塞涅卡說的這句經典名言：「生命就像一齣戲，重要的不是它的長度，而是它的深度。」而自己生命內容精采與否完全操之在我，不是嗎？過去沒有參考指引，現在《樂齡的幸福課》帶著大家一起領略熟年美麗新視界，請趕快跟好學習的腳步。

最後，真心感謝魏教授陪著我們一起快樂變老。同時也提醒朋友們，人生只有單一出入口，從生到死的路徑中，儘管有著歲月、體能的差異，而這段路徑所經驗的好與壞，有賴「您」怎麼看？！加油～

# 序言
# 到底發生了什麼事？

魏惠娟

其實，我們都知道發生了什麼事。世界正在變老。人口統計學家不斷地用數字告訴我們，除了非洲以外，整個世界都在變老，從歐洲、美洲、亞洲，到南半球的澳洲、紐西蘭等，幾乎無一例外，人類都活得比以前（至少三十年前）更老。從古迄今，人類的壽命從來沒有像現在這樣那麼長，過去，一般人活到五十歲可能一生就結束了，現在隨便走到任何一個國家、地區，到處都能看見高齡的長者，平均壽命已達到八十歲。

## 我們正在進入百年人生

從人口結構的觀點來看，臺灣從二〇一八年三月底就已經進入一個新的世紀，六十五歲以上的人占所有人口的14%，正式跨入高齡社會。人口統計資料更預期，我們會在二〇二五年進入一個超高齡社會，屆時每五位當中，就有一位是所謂的高齡者。一方面這真是人類社會的一大成就，另一方面，也是大家的警訊，人口老化現象提醒我們面臨了需要改變的時刻，你意識到了嗎？

二〇一七年出版的《百歲的人生戰略》，作者林達．葛瑞騰（Lynda Gratton）、安德魯．史考特（Andrew Scott）指出，人類預期壽命不是微幅增加、而是大躍進。他們說，今天的孩童有超過50%的機率可以活到一百零五歲以上，而上一世紀的孩子只有不到1%的機會。

過去兩百年，人類的壽命穩定成長，大概是以每十年增加兩歲的速度遞增。預計現在二十歲的人，有50％的機會可以活到一百歲。他們以最長壽的日本為例，指出二〇〇七年出生的日本孩子，有50％的機會活到一百零七歲；到了二〇一四年出生的孩子，長壽機率又提升至有50％的人可以活到一百零九歲。

如果做一個大膽預測，長壽社會的趨勢，使得百歲人生成為最保守的估計，一般人最起碼都能活到一百歲。當我們歡欣鼓舞地迎接長壽時代來臨，卻也無可避免地必須面對一些新的挑戰。比方說，高齡者的身心照顧、就業轉職、居住安頓、退休生涯等等。退休以後平均至少還有二十至二十五年的壽命，這多出來的時間如果能好好規劃，仍有許多潛能可以發揮，繼續對社會人群做出貢獻；反之，若不能及早安排並善加利用，可能會變成人生災難。

《百歲的人生戰略》的兩位作者認為，百年壽命與延長工時終將成為現實。傳統生命三個階段——求學、工作、退休——的觀念必須要打掉重練。

退休是第三人生的開始，屬於人生下半場，長壽人生「活著」的祕訣，是繼續工作與貢獻社會，人生下半場需要設計！

## 退休後的再就學祕訣

繼續工作、社會參與，讓退休人士有機會幫助別人實現夢想，這是五十歲後的人生意義。雖然，下一個職場的薪水可能減少了，但是，生命意義與生活彈性卻更大；退休後繼續工作，權力與影響力變小了，但是，能夠幫助別人的機會卻更多了。只是，從這裡到那裡，過渡期比想像得更長。目前還在職場打拚的人，首先確定繼續工作是必要的信念，接著，開始學習準備，才能順利過渡到另一個階段。唯有繼續工作，接受不只做一份工作的想法，並且做自己真正想要的工作，才能夠實現夢想。只有透過工作，繼續貢獻，才能讓自己的晚年生活更好，也讓世界更美好，這是退休後繼續工作的真諦。

哪些人能夠更順利地轉換職涯、成功再就業呢？我跟我的同事們曾經進行一份研究，一共有一千零七十五位四十五歲以上的中高齡工作者接受問卷調查，我們的目的是在探討，目前在職場上的中高齡者，具有哪些背景屬性的人，更有再就業的意願？其次，具備哪些能力的人，他們成功再就業的機率更高？

研究結果發現，公部門退休的人對於再就業的規劃概念比較弱；經濟上有需求的人，對於繼續工作的需求更高。這個發現似乎反映了目前多數人對於繼續工作的決定指標比較偏向「錢夠不夠用」，因應所得變少、壽命延長，繼續工作不失為一個好的策略；但是，如果下半場人生繼續工作只是因應經濟問題，感覺有點無奈。其實為未來做準備，不只是財務的準備，很多研究都提到，下半場人生有些無形資產，例如：人際關係、貢獻服務、友誼與愛等層面，這些跟那些與金錢有關的有形資產一樣重要。

我們的調查也發現，雖然經濟合作暨發展組織（Organization for Economic Cooperation and Development，簡稱 OECD）早在二〇〇六年就提出「活得愈久，工作愈久」，但是，現在擁有還不錯工作待遇的人，大多不覺得退休後有繼續工作的必要。傳統舊觀念中，工作跟休閒娛樂被認為是衝突的，多數的工作者對於人生四大板塊：工作、健康、遊戲與愛，缺乏平衡，好不容易熬到退休，多數人都只想趕快逃離職場生活的限制，只想好好旅遊，痛快地玩一玩。

難怪退休人士總是馬不停蹄地四處旅遊，沒有想過面對百歲人生，內心真的想要做什麼？曾經有一位軍職退休人士，來參加我的生涯設計課程，他告訴我，退休後三年內，他不斷地旅遊，總共去了四十三個國家，玩得有點累、也有點空的感覺，才開始想到，他不能一直這樣過生活。

## 設計下半場人生，愈早愈好

哪些人更有能力再就業呢？根據我們的調查發現，有意願就業、而且也更能成功就業的人，有兩個特質：第一是具備現代社會所需要的技能，技能愈多、機率愈高；其次是過去參加訓練的廣度愈廣，再就業機率也愈高。換句話說，積極參加教育訓練樂於更新自己工作技能的人，更能擁有再就業的能力。這裡的教育訓練，不只是指公司人力資源部門要求必須參加的課程，更重要的是個人的學習習慣與學習能力。如果你在忙碌的工作生涯中，仍然保有學習的習慣，將來轉職繼續工作的機率必然愈高。

培訓的廣度其實就是跨領域的學習能力。我們在求學時期，多半是接受分科訓練，而且愈高階的學習，就愈走向專業分工，因而形成一個現象：大家都變成只懂得自己領域內的知識技能，不了解自身領域之外的東西，也不太能異業合作，這是阻礙創新的源頭。若能及早學習，學習以更開放、更積極的態度做跨領域學習，未來成功就業的機率，必然會更高。

因應未來，設計下半場人生要掌握三個重點。第一「要改變」，高齡社會是一個無法逆轉的趨勢，因應長壽社會，我們都必須改變；第二「繼續工作」，成功應對百年人生的關鍵策略就是繼續工作，設計下半場人生快樂工作的藍圖；第三「終身學習」，能夠成功再就業的人具備一個基本特質，就是終身學習，並且跨領域學習，他們不會堅持固守原來所知範圍內的知識技能。

我們也需要認清一個現實，許多前輩在進入下一個階段的工作前，也就是進入安可職涯的過程，並不是一帆風順的，他們多數都曾經歷過一段混亂又艱難的歷程。前輩的經驗告訴我們：早一點開始下半場人生設計，前瞻因應未來準備行動，絕對能夠幫助我們走過風風雨雨，並且成功建立更有意義的下半場生涯藍圖。

你準備好改寫自己人生腳本了嗎？事不宜遲，因為第三人生必須及早準備和練習，絕對不是船到橋頭自然直，也不要相信過去編造的神話：退休就是享福。如果你心中沒有定見，也沒有任何規劃，退休後的人生反而會是痛苦的開始。本書提供你打造下半場人生的策略、方法，加上其中的經驗故事，淺顯易懂，你只要跟著每個單元的提示，認真演練，並且參加公開課程，就有機會加入一個跟你一樣想要成功打造熟年人生的學習社群，透過彼此見習，你將會看見人生下半場的豐富奧祕。[1]

註1　本文摘錄自魏惠娟發表於勞動部銀髮資源網之銀髮專欄，發布日期：二〇一九年七月十二日。
https://swd.wda.gov.tw/cht/index.php?code=list&flag=detail&ids=25&article_id=2199

# 開場白

## 歡迎加入第三軍團！

王梅

一名過去一起在媒體工作的同事，二〇一九年末在他的臉書正式宣告退休，並分享他進入「第三人生」後的新工作，我回應給他一句留言：「歡迎加入第三軍團！」

什麼是「第三軍團」？就是指進入下半場人生的高齡族，英國的社會教育學者拉斯里特（Peter Laslett）稱之為「第三人生」（或稱「第三年齡」），由於這個族群的人數規模愈來愈龐大，光是臺灣在近十年來增加的退休人口，再加上更早退休的族群，累積已超過六百萬人，堪稱為當前社會人口結構占最多數的「軍團」。

退休大軍不斷地從四面八方出列，行政院主計處每年都會舉辦一次「事業人力雇用狀況調查」，根據二〇一九年九月公布的統計數字，臺灣近三年的退休人口每年超過十萬人，從二〇一六到二〇一八年分別為十萬一千人、十萬四千人、十萬一千人，相較於二〇〇六年的退休人數為七萬人，近三年平均的增加幅度超過42%。換句話說，「第三軍團」每年都有十萬新兵入伍，聲勢非常浩大。

## 老手變新兵，你也有適應困難症嗎？

身為從事中高齡（成人）教育的工作者，始終站在最前哨的位置領軍，的確可以強烈地感受到第三軍團的伙伴搖旗擂鼓、爭先恐後地加入行列。我們一則以喜、一則以憂。喜的是，退休代表從此邁入一個新的生涯里程碑；憂的是，每位入伍的伙伴過去幾乎都是職場資歷豐富的「老手」，然而在退休部隊則是毫無經驗的「新兵」。

當過兵的人都知道，剛入伍的菜鳥難免會出現諸多適應困難的症狀，所以一定要來個新兵訓練。在軍中許多老兵或士官長會以過來人的身分，指導這些菜鳥必須遵守的部隊規則，以免稍一不慎就踩地雷。

一般人想到退休後的第一件事，90％都是出去玩。內政部於二〇〇九針對五十五至六十四歲的族群做過調查，這群「準退休族」對於退休生涯有規劃的只占了30％，退休後最想完成的願望清單依序是「四處旅遊」、「從事志願服務工作」、「賦閒在家」、「從事養生保健活動」，旅遊永遠都是排名居首。沒錯，在職場辛苦打拚了三、四十年，用「到處玩耍」來好好犒賞自己，天經地義。我那位從媒體剛退休的老同事，也公開宣布即將展開他的壯遊，「接下來三個月，連續有三趟跨國自行車遠征。」

不知何故，我的腦海裡突然閃過電影《高年級實習生》（*The Intern*）的劇情，男主角勞勃．狄尼諾（Robert Anthony De Niro Jr.）飾演的班．惠塔克（Ben Whittaker）是一位從高階主管職位退休後生活有些無聊的獨居老人，他的妻子已經去世，兒子成家。於是他嘗試加入各種活動，才藝班、打太極拳，甚至搭飛機到處遊覽，但這令人羨慕的退休生活，班仍覺得空虛，似乎還缺少些什麼。

第三人生是需要事前規劃的，卻很少有人認真地思索如何做退休方案計劃，或者也不知道該從何入手，大多是抱著「船到橋頭自然直」的心態，見招拆招。而且，絕大多數的人普遍對退休有兩種誤解和迷思：第一種是，退休以後就是什麼事都不用做；第二種是，退休以後什麼事都可以做。

抱持第一種退休心態的人，退休後，往往變得無所事事，每天只好看電視、滑手機發垃圾資訊、到處找人閒嗑牙、窮打屁，就這樣瞎摸打混消磨時間；抱持第二種退休心態者，逛街、購物、打牌、喝下午茶，到處吃喝玩樂，表面看來做了很多的事、去了很多的地方，但基本上是亂槍打鳥，照樣感覺空虛，人生好像愈來愈沒價值，既無生產力也沒有實質貢獻。

## 第三軍團新兵的入伍指南

人生的需求有很多層次，即便退休，生活依然有它的意義，不光是吃喝玩樂而已。曾經看過一句話，「人並不是為了生存而生存，而是為了更高的目的而生存。」退休後，也需要建立一套結構性的生活模式，才不會失去重心，找不到著力點。

被譽為美國高齡教育之父的白宮學者霍爾德．麥可拉斯基（Howard McClusky）指出，退休以後是人生中「負擔」與「能量」變動最大的時期，然而，退休階段並非傳統教育關心的範疇，也缺乏可參照的方案規劃指標[1]。換言之，退休族必須自求多福，自己想辦法找出路。

前北卡羅萊納大學創造性退休中心（North Carolina Center for

Creative Retirement，簡稱 NCCCR）的主任隆納德．曼海米爾（Ronald J. Manheimer）深有同感，他形容退休族「既期待又不知所措」，並為文描述自己深刻的觀察：「退休族徘徊在圖書館門口，面對既興奮又困惑的第三年齡歲月，他們是極為需要協助的一群。」

從一九六一年開始，美國聯邦政府大約每隔十年召開一次白宮老化會議（White House Conference on Aging，簡稱 WHCOA），密西根大學榮譽退休教授麥可拉斯基在一九七一年的會議中提出「需求幅度理論」（A Margin Theory of Needs），分析高齡者普遍具有五個需求等級（Range of Needs），為邁入第三人生的廣大退休族指引出未來發展方向和需求：

**第一層，應付的需求。**包括飲食、居住、穿著、健康照護等，這些是屬於應付每天生活的需要，即所謂的「生活基本款」。

**第二層，表達的需求。**指參加活動的需求，動機多來自個人的興趣而自發性參與的活動，譬如烹飪、唱歌、木工、登山、運動、釣魚等。

**第三層，貢獻的需求。**年紀大的人也會想要付出貢獻與服務，並且希望能被人接受，又稱為「服務的需求」。

**第四層，影響的需求。**高齡者即便到了晚年，對於生活環境、社會群體依舊想發揮其影響力，如果能進行適當的成人教育，高齡者因為年齡而逐漸衰退的能力，還是可以恢復。

**第五層，自我超越的需求。**這是關於個人對生命意義追求更深層了解的需求，很多來自於對過往生命經驗的反省，有些人藉由宗教途徑，有些人透過教育學習，幫助自己分析解讀並找出其中的價值。高齡族回顧自己的一生，體能雖然下降，心靈還是能繼續成長，自我超越。

根據麥可拉斯基的五個需求層次理論，歸納出第三軍團的五項必備入伍條件，提供給新兵參考：

一、身手靈活，好體力。
二、精力旺盛，好活力。
三、廣結人緣，好實力。
四、終身學習，好努力。
五、願景目標，好腦力。

每個人都要為自己的下半場生涯負責，必須儲備足夠的能力來應付未來的退休生活。記得隨時檢視這張清單，若是少了這五項條件中的任何一樣，你就得要好好加油了！

註1　魏惠娟（二〇一五）。樂齡生涯學習。新北市：國立空中大學出版中心。

# 目錄

# 第壹部 人生實驗室

# 第一章
# 探索樂齡人生需求

對我而言，倡議「樂齡學習，看見未來」很像是在推倒一面堅固的圍牆，只有打掉舊的框架，才能展開新的設計，我覺得一旦有意義的改變被觸發了，改變接下來就會不斷出現。因此，無論在什麼場合，只要有機會，我一定宣揚樂齡新觀念。

——魏惠娟

# 課堂 01

## 歡迎走進樂齡新時代

本世紀人類最偉大的一項成就可以說是：活得更久、更健康、更有生產力，《百歲的人生戰略》[1]兩位作者林達．葛瑞騰（Lynda Gratton）、安德魯．史考特（Andrew Scott）推估過去兩百年來，人類壽命穩定成長，根據統計，他們預估現在二十歲的人，有一半的人有機會活到一百歲，現在四十歲的人，有一半的機會可以活到九十五歲，六十歲的人有50％可以活到九十歲，這些都還只是最保守的估計！

我們的平均退休年齡，五年前大概是五十八歲，最近略有提升，但是平均也不過六十歲左右[2]，以百年人生來說，我們退休後可能有約三十年的時間可以運用，你還期待下半場人生一路玩到掛嗎？我同意《百歲的人生戰略》的作者們所說，退休後三十年，是上天給我們的「好禮」，你想過怎麼設計接下來的人生嗎？

美國退休人協會（American Association of Retired Persons，簡稱AARP）執行長喬．安．詹金斯（Jo Ann Jenkins）提供一項他們的調查，發現五十歲以後的人對於下半場人生真實的感受是：「不覺得自己老、不覺得自己走下坡，他們正站在山上，他們喜歡那裡的風景，他們在思考：接下來要爬哪一座山？」這種說法感覺滿貼切的，也是我從五十歲以來逐日加深的想法，只是之前沒有想到合適的比喻，美國退休人協會的調查結果指出了一個正在興起的高齡社會新趨勢，你跟上了嗎？

就我的實務經驗，臺灣並沒有完全跟上，雖然臺灣已經在快速邁向超高齡社會的軌道上（總人口數中有20%的六十五歲人士就是超高齡社會），但我感受到的不是美國退休人協會的調查結果。多數人雖然渴望活得久、活得好，但是，卻害怕變老、也不想談老，對於老年議題普遍不太感興趣。

原因可能與我們活在一個崇尚青春神話的世代，媒體與社會氛圍不斷塑造負面刻板的老年形象有關。

## 迎接無所不能的50+歲月

我從二〇〇八年開始接受教育部委託，擔任樂齡學習計劃總輔導團主持人，十一年來，每一年的培訓，一定是從翻轉「老」觀念開始，這始終是我的第一課，從第一年開始，就不厭其煩地呼籲大家要注意高齡社會趨勢，我們推廣的「樂齡教育」不是你想像的「老人教育」。樂齡學習不只是為了現在的老人，更是為了現在還沒有老的人，那不就是現在的你我嗎？我一年一年地呼籲，目的是希望喚醒還停留在「傳統老」觀念的人，趕快覺醒，學習一個不一樣的世代，具備新眼光來迎接一個充滿意義的奧祕樂齡新時代。

我負責樂齡學習計劃倏忽已經過了十年，換言之，我持續強調「樂齡學習，改變人生」也超過十年，至二〇一九年共辦理了一〇九場的培訓研習。有時候，感覺自己都說得有一點煩了，很想跳過這一段「樂齡與我的關係」而直接切入當次主軸；但是，每逢看見出席培訓的人，特別是新手團隊（初次接辦樂齡學習計劃承辦人），近幾年多是來自學校，他們對於接手執行樂齡業務，多少都帶著不情願的心情。

為使培訓有效果，我覺得，無論如何，要先喚醒他們以正確的心態認識高齡社會與樂齡學習，讓他們感受到「做樂齡」不只是為了老人，用心投入樂齡，對於自己的人生也會有新的視野。遇見樂齡，可以看見未來。（這也是過去十年來，很多第一線人員跟我分享的心情。）我真心希望能把握機會影響他們，使他們及早體認，「樂齡」代表的是一個對於「老年」與「老年人」的新觀念。「老」在舊觀念代表退化、喪失發展潛能，但在新觀念裡，「老」是五十後的人生、是無所不能的歲月。舊觀念讓我們停滯，新觀念帶我們大步往前。

## 翻轉老觀念

樂齡學習鼓勵五十五歲以上的中高齡人士及早開始學習「活躍老化」（或推薦序說的「活躍不老」），其中包括生活安全、運動保健、心靈成長、人際關係、貢獻服務等既深且廣的議題，這些學習豐富又有系統，且關係著人們老後的幸福。傳統提供給長輩的學習，多圍繞在個人興趣，可能如文藝活動、手工品製作等，卻缺乏活躍老化的內涵。

由於樂齡學習的目的是要幫助長輩「活躍老化、免於照顧」，所以業務承辦人首先要認識「樂齡學習」不是「老人學習」；其次要設身處地來想，如果我自己想要「活躍老化」，我希望學習什麼？我想要怎麼學習？承辦人只要能這麼思考，再去看一看社區五花八門的活動，應該可以發現市場新機會。目前各類機構提供給高齡者的學習課程，屬於能夠幫助自己也幫助別人的「活躍老化」課程並不多。如果樂齡學習承辦人，能夠對於這樣的呼籲有感覺，這將是「看見未來」的第一步，也是能夠有意識地推動樂齡學習的基礎。

對我而言，倡議「樂齡學習，看見未來」很像是在推倒一面堅固的圍牆，只有打掉舊的框架，才能展開新的設計，我覺得一旦有意義的改變被觸發了，改變接下來就會不斷出現。因此，無論在什麼場合，只要有機會，我一定宣揚樂齡新觀念。很奇妙的是，每當我認真訴說臺灣樂齡學習的發展故事時，我可以看見臺下的改變，一雙一雙專注的眼睛，那是一種以前沒有聽說過、有點好奇、卻很認真的態度，現場開始出現一股想要探索的氛圍，慢慢地，我可以明顯感覺現場的冰破了、水溫上升了，我知道，他們跟剛剛來到現場的時候已經不一樣了。

雖然我已經歷過無數場演講，但是，每一次都如同第一次的經驗，大家對於高齡社會的印象普遍不是那麼正面，對於長壽人生的重新設計更是沒有想過，正如同許多調查結果顯示，多數人對於未來沒有準備、不知道如何準備，對於老年停留在刻板印象，「老年」等同衰老病殘、沒有生產力、也沒有再發展的可能。這種「傳福音」似的奇妙體會，支持我十年來如一日，能夠保持繼續推廣的動力。臺灣已經進入高齡社會，預估再不到十年，可能二〇二五至二〇二七年之間，我們就會進入一個總人口數中有20％的人超過六十五歲的標準超高齡社會；如果平均退休年齡維持在六十歲，如何設計這一段比想像中還要長的下半場人生，真是全民都需要注意並學習的課題，而且是愈早愈好。少子化、高齡化的趨勢，未來十年會大大影響我們的人生設計與生涯發展抉擇，你不能不去想。

十年來的樂齡經驗，我確信，只有「翻轉老觀念」才能「創造新人生」，唯有及早思考樂齡人生，才能抓住下半場的新機會。十年來，最令我興奮的是，多數與我們相遇的人的確變得不一樣了，他們透過樂齡學習找到下一步路，並且勇往直前，有人開設新公司、成立新組織、設定新目標，擁有新的頭銜、找到新的熱情、重拾以前的興趣，更有一群人重返校園讀書、挑戰碩博士學位，這是在他們過去的生涯設計中，從來沒有想過、也不敢想像的事情，似乎是不可能的夢。然而，十年來確實有太多的見證人，他們正在河岸的那邊，等你們走過來！

註1 許恬寧（譯）（二〇一五）。百歲的人生戰略（原作者：Lynda Gratton、Andrew Scott）。臺北市：商業周刊。

註2 很多人以為年滿六十歲就可以領勞保老年年金，但其實勞保老年年金法定請領年齡早已逐年調高到六十五歲。以二〇二〇年為例，原本民國四十八年次的勞工於二〇二〇年滿六十一歲就能領勞保老年年金，但因為請領年齡調整成六十二歲，必須等到二〇二一年滿六十二歲才能領，民國五十一年次（含）以後的勞工法定請領年齡則都是六十五歲。參考資料：PG 財經筆記（二〇一九年十一月二十七日）。明年勞保退休金請領年齡又調高一歲！三分鐘試算：到底你的勞保老年年金可以領多少。取自 https://reurl.cc/9EVp3V。陳素玲（二〇一九年七月二十七日）。退休年齡延後，台灣勞參率緩升。取自 https://udn.com/news/story/7238/3954126。勞動部（二〇一九年五月二十二日）。退休要件。取自 https://www.mol.gov.tw/topic/3078/3302/25656/。

## 設計你的人生下半場

下一章要進一步探索「樂齡」究竟是什麼？為什麼「樂齡」？「樂齡」與我的關係是什麼？在此之前，請你找個安靜之處，思考以下問題：

一、你想過高齡社會樂齡學習跟自己有關係嗎？是什麼關係呢？

二、你如何定義「老」？

三、你想過下半場人生應該怎麼過嗎？可以描述一下你的藍圖嗎？

# 課堂 02

## 我們與樂齡的距離

樂齡學習是教育部在二〇〇八年開始的一項計劃，到現在（二〇二〇年）臺灣已經有三百六十九個樂齡學習中心，遍布各個鄉鎮市區，並且有三千一百七十五個學習據點[1]，「樂齡」一詞代表「新老年」的概念，「樂齡學習」成為高齡學習的新境界。

### 你怎麼定義老後的日子

「樂齡」這個名詞是怎麼來的呢？我記得二〇〇七年，在教育部的支持下，我負責舉辦一場以「推動老人教育實務」為主題的國際研討會，我們共邀請了七位不同國家的高齡教育（老人教育）機構負責人、學者專家等，來分享各個國家的高齡教育創新做法。在會議中，我第一次得知，在新加坡，退休的人就是「樂齡」，他們的概念是，人生到了退休、也唯有退休才是「快樂的年齡」。「樂齡」這個名詞開始進入我的腦海中，那時候，雖然不覺得只有退休才是快樂的年齡，但是感覺用這個名詞來代表後期人生階段，真是有新意。

我關心高齡學習的議題起源於二〇〇五年，那時我擔任國立中正大學成人及繼續教育學系系主任兼高齡者教育研究所所長，開始帶著系上老師去不同國家交流，目的在學習成人教育終身學習以及因應高齡社會的政策。其中我們跟日本的交流最多，特別是在二〇〇六至二〇〇九年的三年期間，我們與日本名古屋大學、東京大學進行一個跨國研究，包括中國大陸、韓國的學者，這些國家都共同面臨少子化、高齡化的問題，日本名古屋大學牧野篤教授（二〇〇九年應聘至東京大學）負責研擬整合研究的計劃書，主要是從教育學的觀點來探討少子高齡化的問題，並且研究因應策略。

透過這一段極為寶貴的跨國研究交流經驗，我更加肯定，面對快速老化的社會，我們需要觀點轉化，才能找到更好的因應策略。過去對於「老人」的研究，都是從「福利照顧」的觀點來思考，例如：臺灣的老人教育業務一直都是由社會局（處）辦理，雖然二〇〇七年通過的《老人福利法》第三條第三款明訂，「教育主管機關：主管老人教育、老人服務之人才培育與高齡化社會教育之規劃、推動及監督等事項」，但是，目前歷史最悠久的老人教育方案：長青學苑，仍然是屬於社會局主管的業務。我們的跨國研究是從社會教育的層面、從教育學的觀點來思考因應對策，基於「教育」本來就是「看見未來」的事業，教育的目標是在培育未來人才，從這個觀點來重新探索高齡社會，可以看見更加寬廣的出路。

## 快樂學習，忘記年齡

那時候，我國的教育部門還沒有從「未來」的觀點關注高齡社會這個迫在眼前的問題。基於我們的研究與跨國交流經驗，我跟我的團隊前去拜訪當時教育部社會教育司的朱楠賢司長：面對高齡化社會，臺灣需要從教育單位來倡議學習與準備未來，建議教育部要開始全面推動「高齡教育」。一開始，我們的對話有時也不免在新、舊觀念中擺盪：老人學習要學什麼？老人教育有必要嗎？我同時也開始思考：如果要全力推動高齡教育，要如何推動？高齡教育的特色是什麼？跟現有的老人活動有什麼區隔？

「樂齡」的名稱是怎麼開始被採用的呢？在教育部決定要推動老人教育計劃之後，我們再次提出建議，既然是新的計劃，最好要有新的概念，不要再用「老人」的名稱。基於我們過去的研究發現，長輩對於「老人」、「銀髮族」、「長青」這幾個常被用來指稱高齡者的名詞都不太喜歡，這也呼應了市場對於新老年、新高齡時代的需求，對於改變老人形象的渴望。但是，究竟要改用什麼名稱呢？於是想到了二〇〇七年國際研討會時新加坡提出的「樂齡」一詞，雖然我並不同意新加坡把「樂齡」定義為：退休就是快樂的階段，我覺得人生每個階段都可以是快樂的階段，只是「樂齡」還是比「老人」更切合我們對於老後的期待。

我從二〇〇八年開始接了教育部的計劃，也就此開啟了臺灣樂齡元年。首先，必也正名，我花了一些工夫搜尋文獻，希望替「樂齡」下個好定義，不但能夠超越起初的使用者定義，最好還能夠有「未來」意象。於是，我們把「樂齡」定義為五十五歲以上的人，而不是六十五歲，目的是要強調「及早」學習老後，所以，樂齡已經不是指「老人」了。從字面上解釋，樂齡代表：「快樂學習，忘記年齡」，當然，這是為了推廣概念而簡化的說明；論其涵義，則《論語．述而篇》有一句話可以很貼切地詮釋樂齡的涵義：「其爲人也，發憤忘食，樂以忘憂，不知老之將至云爾。」這句話啟發了一個人活得久又活得好的祕訣就在於：「認真學習，並且終身學習。」透過這個定義，可以更深層地解釋「樂齡學習」的必要。

回想二〇〇八年，剛開始用「樂齡」來代替「老人」的概念時，曾經在網路上搜尋有多少人使用樂齡一詞，發現只有零星的兩筆，現在不只是教育部使用樂齡，其他政府部門、民間事業也都廣泛地使用樂齡一詞，這種現象多少也反映了，隨著高齡社會的腳步加速，社會大眾對於新的高齡者的形象與觀點開始有更多的期待，樂齡的誕生剛好補上這一個缺口，也獲得大家的認同與接受。

**註1** 「教育部於今（一〇九）年度核定全國三百六十九所樂齡學習中心，深入全國三千一百七十五個村里推動樂齡學習課程，提供可以讓高齡者在社區就近學習的機會。」參考資料：教育部終身教育司（二〇二〇年四月十日）。樂齡學習有活力、村里拓點大躍進。取自 https://depart.moe.edu.tw/ed2400/News_Content.aspx?n=E8E2E9E3E4EAE332&sms=87137EA6056ADFD1&s=0857465A549AA3B5。

## 設計你的人生下半場

一、你有沒有想過其他可以適切代表新時代新高齡人士形象的名詞呢？

二、請你搜尋一下，哪一些場合、哪一種產業也用了「樂齡」一詞？

三、你會如何定義「樂齡」？你心目中的樂齡形象應該如何呢？

# 課堂 03

# 能不能活得久、又活得好？

人口高齡化是本世紀重要的議題，臺灣四十五歲以上的中高齡人口大概占我國總人口數的44％，六十五歲以上的人口在二〇一八年三月底就達到14％，我國在二〇一八年正式進入聯合國所謂的「高齡國家」，目前（截至二〇二〇年四月底）六十五歲者大約占總人口數的15.6％，預估在二〇二七年左右，我們就要跨入超高齡社會門檻，也就是會有20％的六十五歲人士。

我們正在快速邁向超高齡社會，但是從媒體報導與政府政策可以知道，我們卻還沒有準備好，長照資源不夠普及、照顧服務人力明顯不足。

## 開始思考老後生活

前面提到，我們建議從「教育」觀點來因應高齡化社會。希臘哲學家亞里斯多德（Aristotle）說：「教育是老年人最好的糧食。」但是，要給老年人吃什麼才能夠真的幫助他們活得久且活得好呢？其次，老年期是需要準備的，如何引導現在還沒有老的人（例如：中年人）開始有意識、有目標地學習「老後生涯」呢？

教育部從二〇〇八年開始啟動的樂齡學習，目的是希望透過學習，幫助高齡者因應晚年時期的需求，達到活躍老化的理想。過去許多研究都指出，很多中高齡者不知道下半場人生目標、找不到老後生活的意義，因此覺得惶恐。我大約十年前開始推動樂齡學習時，逐漸關注這個議題，廣泛閱讀國外文獻，訪問國外推動下半場人生準備與研究的機構。並從二〇一二年開始進行下半場人生設計的實驗研究，參與課程的人共有三十二位，其中超過八成的人，透過課程開始認真思考未來準備的事情，課程結束後，有十九位繼續執行他們在課堂上擬定的人生計劃。我初步嘗試後，覺得開設這一類的課程很有意義，對於中年人不但有啟發、也能產生行動。

那時候社會對於這個主題的討論還不多，最近兩、三年，這一類的演講逐漸增加，大致有兩個類型，第一類是宣導未來準備的必要，第二類是分享自己下半場人生準備的心得與方法，例如有人建議下半場人生要為自己活：不要存錢了，要活得精采；要對自己好一點，做自己想做的事情等。現在比我當初做實驗課程時，有更多元豐富的討論。

然而，目前更迫切需要解答的問題是「如何」準備？別人的生活方式與行動策略，你很難完全照著做，就算照著做，也不一定會得到相同的效果。我們需要的是下半場人生設計的共同模式，這時就需要從理論、從研究來尋找不變的法則。關於下半場人生設計的相關理論研究其實很多，最常見的兩個理論，一是活躍老化、另一個是成功老化。

樂齡學習的課程設計與人才培育目標就是要幫助長輩活躍老化，也就是「活得久、活得好」。

二〇〇二年，聯合國世界衛生組織針對人口高齡化趨勢提出了一個名為「活躍老化的政策架構」報告書，成為先進國家研擬政策的共同參考架構。活躍老化（Active Aging）基本的理念是要延長我們在長壽歲月時的生活品質。活躍老化政策綱領最令我欣賞的也是這一點：老化國家要努力延長「所有人」的生活品質。「所有人」包括：健康的人、不太健康的人，還有臥床的人。如何達到這個理念呢？活躍老化政策架構提出了三根柱子，包括社會參與、安全以及健康。

## 活躍老化學習架構

這三根柱子其實包含了豐富的內涵，二〇一四年，我根據聯合國的政策報告書以及其他研究，發展出一套活躍老化學習架構（圖1），這一套架構已經成為教育部樂齡學習的核心課程，是樂齡學習的主要內涵，也是樂齡學習的一大特色。

我國社區村落提供給老年人的活動，大都是休閒與興趣類型，雖然休閒也是重要主題，但是，有效的學習要有層次，真正的教育要有系統、有進階。由三根柱子所發展出來的活躍老化學習架構，就像

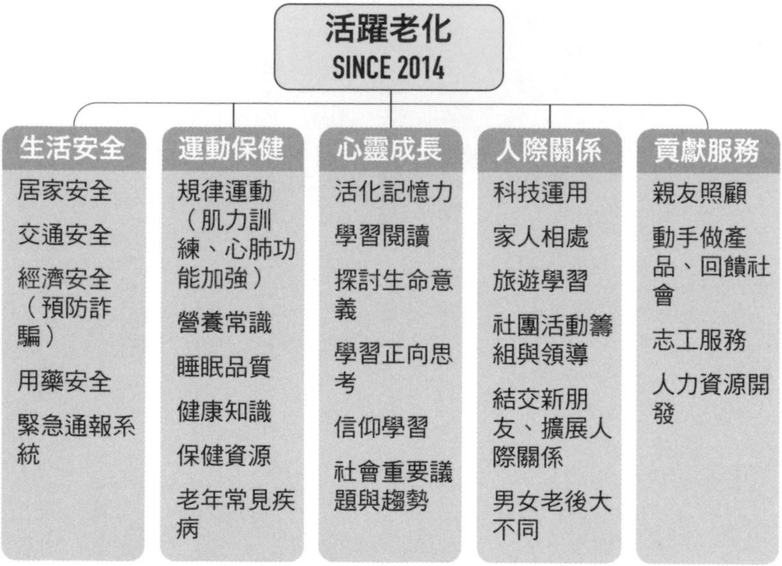


圖 1 ｜樂齡學習核心課程：活躍老化學習架構

是老年學習準備的基本要素，面向高齡社會，我們需要重新學習的新知很多，如果只是如同以往提供休閒興趣活動，會是老年人的損失。

記得有一年，我去一個偏僻的鄉村訪問樂齡學習的執行，星期三的大白天，我們在幾乎沒有車子的縣道上疾駛，左拐右拐進村子，最後停在廟旁的社區活動中心，我進去一看，有點嚇一跳，裡面坐滿了阿公阿嬤，大約四、五十人，他們唱歌來歡迎我們一行人的訪視，我看見他們當中只有三、四位拿著歌譜，好奇問承辦人原因，承辦人笑答：「只有拿歌譜的人認識字，其餘都不認識字。」我問她：「為什麼不教他們識字呢？唱歌也可以學識字呢。」她的回答，就像多數人的想法一樣，「長輩拿筆比拿鋤頭重呀！」「他們不愛寫字啦！」

我不認為長輩不愛學習寫字，我曾經由於研究需要，訪問一位老人會的會長，想要了解他們安排的唱歌、書法、繪畫等這些活動是怎麼決定的，會長告訴我，一個單位只能向縣政府申請辦理三門課的經費，而這三門課參與的人比較多。我同時也分別訪問了裡面的會員，了解他們的學習需求，他們告訴我，他們不認識字，「真見笑！」（很難為情）他們告訴我很想學寫字。

因此，我不相信老年人不想學寫字，因為，還有更多的案例顯示老年人很愛學習、愛寫字。我想是承辦人的主觀偏見影響了老年人的發展可能。當我知道其中也有才六十幾歲的人，更覺得難過，樂齡已經辦理十一年，如果我們好好把「識字」也納入課程，十一年來，學員都要「高中」畢業了。這些鄉村老人，只是參加好玩的活動，卻沒有學到核心的課題，深深影響活躍老化的可能。

再舉一個例子，我的父母原本都是國小老師，他們在沒有規劃的情況下，不到六十歲就申請退休了。我父親的興趣是打軟式網球，他的體格很好，頭腦聰明靈活，應該是一個懂得自我照顧的人。而媽媽生性樂觀，無憂無慮，喜歡跟爸爸、朋友到處旅遊。他們剛退休的十年，生活過得還算充實，兩位也都是注意生活品質的人，我因此很少擔心他們。

不過，當我完成博士學位，從美國回臺灣開始在大學教書，才發現他們的日常生活幾乎是在看不同科別的「公保」中度過。後來，父親由於痛風，引發腎功能衰竭，開始洗腎長達八年。我近距離照顧觀察兩位老人家，才發現以前我總認為他們退休後生活過得愜意，看似自由自在，但是，由於退休後沒有新的人生目標，他們也失去了規律的生活型態，沒有規律運動、沒有正常飲食。退休生活宛如溫水煮青蛙，他們身處於隱藏的危機與慢性疾病的風險中，卻沒有及早知覺，最後，身體明顯出了狀況，才開始認真看病，把錢都花費在醫療照顧上。

我父母親退休後的生活，顯示活躍老化的下半場人生，不是自然而能，與學歷也無絕對的關係，關於老後，有太多知識與技能是以前我們都沒有學過的，無論教育程度高低，只要沒有學習，就容易使自己處於風險中。

基於上述的經驗，當我負責樂齡學習計劃時，一個重要的使命就是要建立樂齡學習核心課程，改變傳統觀念中，只提供老年人「想要」的活動，但是，卻忽略了下半場人生「需要」學習的課題。

## 設計你的人生下半場

「需要」與「想要」的差別是什麼呢？我們會在下一課繼續討論。請先思考以下問題：

一、你知道你的下半場人生「需要」什麼嗎？

二、從這一課，你是否可以歸納出一個人為什麼不能活得久、又活得好？

三、你認為怎麼樣才是活躍老化？你覺得自己離活躍老化有多遠？

# 課堂04

## 「需要」？還是「想要」？

在臺灣，我們習慣把設計下半場人生這一類的學習稱為「退休準備」，而國外比較新的概念，其實是已經讓「退休」這個名詞「退休」了。針對下半場人生學習準備的方案名稱五花八門，例如：50+、人生下半場、生涯現役、未來人生設計。為下半場人生開設工作坊也是目前新的趨勢，我在二○○九年曾經訪問美國一個大學內的終身學習中心，這個中心就為準備退休邁向新人生的民眾開設了三天兩夜的未來準備週末營。

而關於下半場人生，到底要如何設計？到底什麼才是最重要的？當然是言人人殊，但是，從理論而言，總有一些基本條件要先滿足，才能邁向多元發展，老後的學習與發展相當奧祕。

## 滿足「需要」，活躍老化

過得不好的人，他們可能不想說；活得好的人，也不一定有機緣分享。下半場人生設計的基本條件不是「做自己」、也不是「玩到掛」，活躍老化的生活條件已經有許多相關報導，五十歲之後，就要先盤點自己的生活離活躍老化的生活型態有多遠，掌握理論，再參考別人的經驗故事，才不會偏頗。

大眾對於一個人老後的「需要」與「想要」有很多誤解，我在推動樂齡學習時，花最多時間導正的觀念就是這一點。例如：多數人認為長輩喜歡就好，想要的愈多愈好，不要受限制，這個想法基本上沒有錯；只是，這個說法應該以活躍老化基礎的需要已經被滿足為前提。另外，如果課程或活動是由政府買單，那麼更要以活躍老化的需求滿足為最主要的內涵，不能總是提供「想要」的，畢竟每個人的「想要」都不同，政府能提供的是哪一個人的「想要」呢？

「想要」是個人的興趣選項，而「需要」或者說「需求」則是指必要的東西。大多數人知道「想要」，但是，卻不了解「需要」，不同人生階段都有不同的發展需要，我們往往說不清楚。有時候個人感覺需要的，也不一定那麼重要，或許只是一種從眾行為[1]。

## 你了解「需求」嗎？

「需求」有很多類型，其中我們最熟知的是心理學家馬斯洛（Abraham Maslow）提出的「需求層次論」，需求層次論認為人類所有的行為都是先滿足基本需求之後，才開始轉移到更高階的需求。他用金字塔的形式來說明他的學說，金字塔最底層是最低層次的需求，愈向上的需求就愈複雜。

需求層次論的第一層是生理的需求，包括：食物、水、呼吸、自我平衡；第二層是安全和安全感的需求，包括：財務安全、健康和良好的狀態、應對意外和傷害的能力；第三層次是社會的需求，屬於朋友、愛和家人關係，包括：友誼、浪漫的事情、家庭、社交群體、社區群體、宗教信仰及組織；第四層次是尊重的需求，在前三個層次大致滿足後，接著是透過欣賞和尊重的需求來驅動人們的行為；第五個層次是自我實現的需求，馬斯洛指出自我實現的人都很自知，他們關注個人的成長，很少在意別人的看法，對於實現自己的潛能深感興趣。馬斯洛的需求層次論是很經典的學說，適用於任何年齡階段的人，進入人生下半場，不妨用這五個層面來評估自己的現況。而這五個需求層面，跟聯合國世界衛生組織的活躍老化政策報告書的內容，剛好可以互相呼應。

另外有一種需求類型是「表達的需求」，這一類需求跟「想要」一樣，是自己可以覺察的。從樂齡學習的角度，過去老人的學習課程都是根據老年人表達的需求來開設的，例如語言、藝術、編織、歌唱、繪畫、舞蹈等五花八門的興趣課程，因為這一類的學習活動已經很多了，所以，我在推動樂齡學習時，就主張不需再加強表達的需求的活動或課程。

需求類型還有「比較的需求」，顧名思義，就是跟同類型的人比較後發現自己的不足所產生的感覺，例如：當辦公室同仁都在下班後去進修，只有你沒有加入進修的行列，自然而然會產生進修的需求。

還有一種需求是指一個人「現況」與「期望」之間的差距，稱為「規範性的需求」。規範性的需求對於下半場人生設計特別重要，因為多數人對於樂齡人生設計，最感覺困難的就是不知道自己的「現況」，也不確定自己的「期望」，透過這個理論來思考，可以幫助我們掌握更貼近自己現況的準備方向，才不會迷失在眾多的個人經驗故事中，還是不清楚自己真正的需求。

美國高齡教育之父、密西根大學榮譽教授霍爾德．麥可拉斯基（Howard McClusky）提出一個與需求層次論有異曲同工之妙的理論，但麥可拉斯基主要是針對「高齡教育的需求」來立論，馬斯洛則是針對「人類的需求」而論述。麥可拉斯基提出四個需求類型，包括：應付的需求（類似馬斯洛的第一層與第二層需求），又稱為基本的需求，第二個需求是表達的需求，就是興趣的需求，第三個需求是貢獻的需求，第四是影響的需求，他認為一個人到了下半場生涯，還是會有想要貢獻社會並影響社會的需求。麥可拉斯基後來又加上一個自我超越的需求，就是指能夠超越老化的生理限制，屬於靈性層面的需求。

## 你了解「你的需求」嗎？

如何應用前面這些需求理論來自我評估呢？可以參考馬斯洛的需求層次論，從前面三個比較低層次的需求，也就是基本條件的滿足來開始評估現況。

在第一個層次的需求中，比較容易被忽略的可能是「自我平衡」。有沒有想過，人生到目前為止，我們一直努力追求的是否平衡？

我曾經有過一個難忘的經驗，我家有兩個孩子，老大四歲、老二才一歲時，我們全家赴美國旅遊，在那一趟行程我順道安排了一個專業的訪問，在打理行李時，我總是不斷盤點兩個小孩需要的東西，深怕忘了什麼，直到抵達香港，我才發現忘記把自己的裙裝放入行李箱。旅遊是比較特別的經驗，平日生活中還有其他大大小小的事情，例如：各種家庭生活必需品的採購、飲食預備的考量，我幾乎都是以家人為優先（相信所有的父母——特別是媽媽——都一樣），卻忽視自己的「需求」，一直以來也沒有特別感覺有什麼失衡或是不好。直到五十五歲那一年，我人生第一個慢性病出現了——甲狀腺功能異常，我才發現「失去平衡」幾乎已成為我生活過程中的常態！

馬斯洛的第二層次需求中有一個「應對意外和傷害的能力」，這可能也是大家比較沒有注意到的。很多人退休後，原本只有一個想法，就是要好好玩、輕鬆活，只是沒想到，父母突然生病了，於是他們開始進入沒有預期的「照顧循環」，被迫開始學習「照顧」，由於是意外事件，可能會衍生出相關的家人勞務分擔的問題，如果沒有處理好，不只影響自己的健康，也使家人關係產生變化。

馬斯洛需求層次論的每一個需求層次內涵，都可以指引我們進一步發現自己現在在哪裡。

我們在思考下半場人生設計時，更喜歡參考麥可拉斯基對於需求的論述，畢竟下半場人生，生理與安全的基本需求比較容易盤點，並且發現問題。但是，使我們活得久、又活得好的關鍵，卻不只是那些基本需求而已，麥可拉斯基提出來的後面三個需求類型，也就是馬斯洛的最後三個層次：社會、尊重與自我實現，這才是設計下半場人生最需要學習並且一起研討的課題。

註1

我寫這篇文稿的同時，全球正在陷入新型冠狀病毒的恐慌、壓抑與焦慮的情緒中，美國紐約疫情嚴重幾乎全球第一，超級市場的貨物被搶購一空，除了口罩缺貨外，衛生紙也被瘋狂搜括，衛生紙究竟跟防疫有什麼關係？心理學家告訴我們，由於疫情充滿不確定，我們無能為力，搶購可以說是對壓力的一種回應；喬治城大學心理學教授愛爾佛德（Mary Alvord）指出，人是社會性的生物，別人的行為會影響我們的思考，尤其是對於面臨的威脅一無所知的情況下，與大家做一樣的事情、搶買一樣的東西，可以藉此獲得心理上的安全感，而不管行為是否合理。參考資料：張淑芬（二〇二〇年三月十六日）。疫情當前，為何全球瘋搶衛生紙？取自 https://www.commonhealth.com.tw/article/article.action?nid=81159。

## 設計你的人生下半場

下半場人生設計最困難的就是人生的意義、目標與價值，退休之後，我們成為什麼？從職場退下來之後，再參與社會的路徑是什麼？哪些組織、社群吸引我？在人生後期，我如何貢獻所長？接下來我們將逐步釐清上面的問題。請先思考以下問題：

一、參考馬斯洛或麥可拉斯基的需求理論，你覺得自己最需要滿足的需求是哪些呢？你可以寫出那些需求的內涵嗎？

二、從需求的理論或是活躍老化的概念，你評估自己老後準備的「現況」如何？你所「期望」的老年生涯又是如何呢？

# 課堂05 邁入活躍老化，你準備好了嗎？

美國高齡教育之父霍爾德．麥可拉斯基認為，持續參與教育活動有助於改善晚年的生活情況，因此他鼓勵老年人參與教育活動，這就是高齡教育的必要性。他提出一個需求幅度理論（A Margin Theory of Needs）：由於老年人經常要面對的處境是，如何想辦法維持他們在過去歲月中所享受的能量（energy）以及權力（power）；如果老人家無法繼續維持良好的狀況，他們可能會失去這些生存資源，但是，如果他們能夠維持好一點的狀況，他們可能會獲得新的資源、負起新的責任，也可能因此獲得新的生命發展層次。

## 為自己的人生創造盈餘

麥可拉斯基認為，我們一生中，不管在哪一個年齡層階段，都是在經歷「能量」與「負擔」兩個部分比例的變動，進入老年，這兩部分的變動會特別大。無論能量與負擔的變動關係如何，到了老年期，我們都要想辦法讓能量有盈餘，也就是要使能量超過負擔。所以晚年生活主要的任務就是重新安排生活中的負擔與能量，使自己在老年時期，能夠擁有更有利的盈餘，這也就是為什麼老年人需要繼續學習發展的意義。

繼續學習、接受高齡教育是老年期重要的需求，這是在一九七〇年白宮老化會議就被提出來的概念。只是有些人在重返校園讀書的過程中，可能遭受到的譏誚多於鼓勵，如果再加上不是很確定自己想要的目標是什麼，就容易打退堂鼓。借重理論則可以幫助我們比較不容易隨波逐流，在人生下半場仍能夠有勇氣追逐夢想。我們已經練習過從需求理論類型來了解自己的現況，不過，知道自己的現況還不夠，還要從活躍老化的理念內涵來盤點自己，才能更聚焦、更有效地幫助我們做具體的評估。

## 老後的學習需求

二〇一四年，我從活躍老化的理論，以及麥可拉斯基、馬斯洛的需求層面，發展了一個活躍老化學習需求圖（見下頁圖）：

這個圖提供一個基本的評估方向，也點明了下半場人生大家共同要追求的就是活躍老化，這是下半場人生共同的願景。這個圖描繪了活躍老化的學習包括以下關鍵領域：生活安全、運動保健、心靈成長、人際關係、貢獻服務，以及一共二十七個學習主題。下半場人生學習不能只是靠「聽講」，還要有「行動」，這也是樂齡學習所要展現的「高齡教育」特色。

從此圖也可以看見樂齡學習與其他常見的老人活動不同的地方。很多

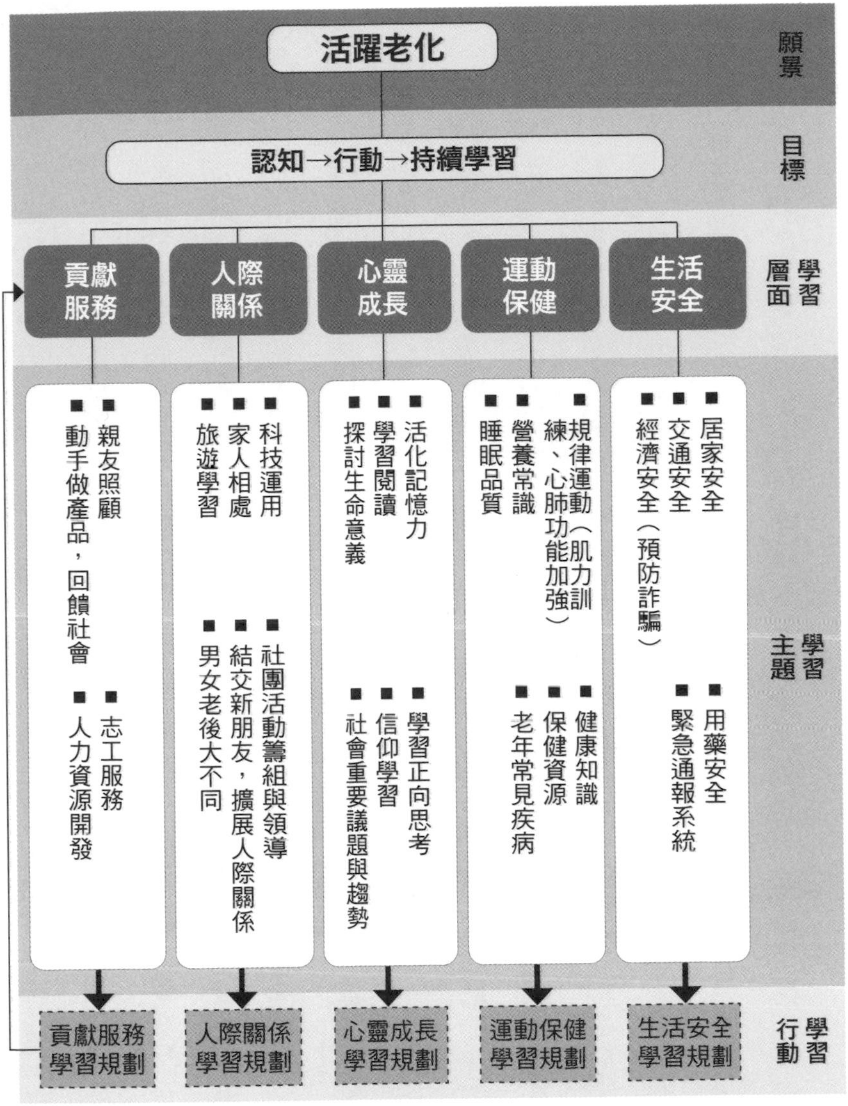


圖 2 ｜活躍老化五個需要學習的領域

單位都有為老年人提供活動，例如老人會提供如旅遊、聯歡等活動，但是沒有「學習」；社區照顧關懷據點提供老人照顧與關懷活動，但是同樣沒有「學習」；跟樂齡學習本質最接近的，就是各縣市辦理的長青學苑，長青學苑提供的課程多是針對「表達的需求」，也就是語言、書畫等興趣學習的課程。以上這些為老年人提供的活動，都比樂齡學習更早，也已經存在很久，可以發現，大家習慣的老年學習活動，就是文娛類活動。這也是樂齡學習推動過程中的一大挑戰，要翻轉傳統好玩就好的老年學習觀念。

活躍老化的學習需求總計五個層面、二十七個主題，也是幫助我們校準下半場人生學習內容設計的基礎。由於執行樂齡計劃，我才開始認真地評估自己離活躍老化有多遠，當我開始認真評估後，我更願意謙卑地看待老後學習這一件事，我對於圖中的二十七個主題大概都是一知半解，這才發現，原來有這麼多老後的新知需要學習！由於知道自己一無所知，激勵我開始學習、思考老後的各樣事情，繪製生涯藍圖，因為我真心希望自己要活得好，絕對不要成為別人的負擔。於是我進行人生第一次的健康檢查，開始注意身體細微的反應，發現自己的慢性病與長期飲食偏差有關。當你開始認真評估並且謙卑地思考自己在人生下半場的需求時，你也會開始調整生活型態，更善用時間，也不再會只以國外旅遊或是國內趴趴走為滿足了。

圖中有一項是「學習行動」，代表在每一個層面與主題的學習後，都會產出一個「學習規劃」，再次強調活躍老化未來人生設計，不但要「學習」，也要有「行動」。當你開始行動時，就會發現二十七項主題將會是我們下半場人生持續學習的目標，有目標的生活，就像航行有羅盤，你的下半場人生將具有更寬廣的視野。

## 設計你的人生下半場

一、請評估自己在每一項學習主題的準備「現況」。

### 活躍老化基本需求自我評估表

| 內容題項 | 完全沒有準備 | 沒有準備 | 有一點準備 | 大部分有準備 | 準備很充足 |
|---|---|---|---|---|---|
| 你對於下列五個學習層面，準備程度如何？ | | | | | |
| 生活安全 | □ | □ | □ | □ | □ |
| 運動保健 | □ | □ | □ | □ | □ |
| 心靈成長 | □ | □ | □ | □ | □ |
| 人際關係 | □ | □ | □ | □ | □ |
| 貢獻服務 | □ | □ | □ | □ | □ |

| 你對於下列「生活安全」學習主題，準備程度如何？ | | | | | |
|---|---|---|---|---|---|
| 居家安全 | □ | □ | □ | □ | □ |
| 交通安全 | □ | □ | □ | □ | □ |
| 經濟安全（預防詐騙） | □ | □ | □ | □ | □ |
| 用藥安全 | □ | □ | □ | □ | □ |
| 緊急通報系統 | □ | □ | □ | □ | □ |
| 其他（請列出）：＿＿＿＿＿＿＿＿ | | | | | |

| 你對於下列「運動保健」學習主題，準備程度如何？ | | | | | |
|---|---|---|---|---|---|
| 規律運動（肌力訓練、心肺功能加強） | □ | □ | □ | □ | □ |
| 營養常識 | □ | □ | □ | □ | □ |

其他（請列出）：＿＿＿＿＿＿＿＿

| | | | | | |
|---|---|---|---|---|---|
| 睡眠品質 | □ | □ | □ | □ | □ |
| 健康知識 | □ | □ | □ | □ | □ |
| 保健資源 | □ | □ | □ | □ | □ |
| 老年常見疾病 | □ | □ | □ | □ | □ |
| 其他（請列出）：＿＿＿＿ | | | | | |

**你對於下列「心靈成長」學習主題，準備程度如何？**

| | | | | | |
|---|---|---|---|---|---|
| 活化記憶力 | □ | □ | □ | □ | □ |
| 學習閱讀 | □ | □ | □ | □ | □ |
| 探討生命意義 | □ | □ | □ | □ | □ |
| 學習正向思考 | □ | □ | □ | □ | □ |
| 信仰學習 | □ | □ | □ | □ | □ |
| 社會重要議題與趨勢 | □ | □ | □ | □ | □ |

| | | | | | |
|---|---|---|---|---|---|
| 其他（請列出）：______ | | | | | |
| **你對於下列「人際關係」學習主題，準備程度如何？** | | | | | |
| 科技運用 | □ | □ | □ | □ | □ |
| 家人相處 | □ | □ | □ | □ | □ |
| 旅遊學習 | □ | □ | □ | □ | □ |
| 社團活動籌組與領導 | □ | □ | □ | □ | □ |
| 結交新朋友，擴展人際關係 | □ | □ | □ | □ | □ |
| 男女老後大不同 | □ | □ | □ | □ | □ |
| 其他（請列出）：______ | | | | | |
| **你對於下列「貢獻服務」學習主題，準備程度如何？** | | | | | |
| 親友照顧 | □ | □ | □ | □ | □ |

| | | | | | |
|---|---|---|---|---|---|
| 動手做產品，回饋社會 | □ | □ | □ | □ | □ |
| 志工服務 | □ | □ | □ | □ | □ |
| 人力資源開發 | □ | □ | □ | □ | □ |
| 其他（請列出）：＿＿＿＿ | | | | | |

二、透過活躍老化準備程度的自我評估，你有什麼發現？有什麼心得呢？

# 第二章

# 設計下半場人生藍圖

——魏惠娟

在下半場人生設計過程中，向標竿學習是很重要的，標竿人物使我們能夠勇敢丟棄覺得自己「不可能」的根深蒂固念頭。後五十人生可以更精采，但是，要先改變想法，才能抓到機會、看見出路。

# 課堂 06
## 不只要好好活著，更要活得好好

活躍老化準備的五個層面二十七個主題，都是老後的基本需求，這些可以幫助我們學習好好活著，但是卻無法保證能夠活得好好。人類有想要滿足各層面需求的心理，根據馬斯洛的需求層次論，較低階的需求被滿足後，人們會追求下一個更高層次的需求，例如社會的需求或尊重的需求，不論青年或老年，唯有高層次的需求被滿足，才能達到裡外一致真正的滿足，才是真正地活得好。

上層需求的滿足，類似麥可拉斯基所說「自我超越的需求」的滿足，藉著生命回顧的方式，即藉由檢視自己生命中的轉折點，來反省生命的意義、了解生命的價值與存在的目標，這是活得好非常關鍵的要素。

## 告訴我，你的人生故事

因為人們有自我超越的需求，老年人仍然渴望探索生命的意義，所以樂齡學習中的「生命回顧」課程，很受老年人歡迎，長輩們不論教育程度高低都喜歡回顧述說自己的生命故事。臺灣樂齡發展十年來，感人的生命故事不計其數，有的是透過戲劇演出的方式來呈現，有的是透過繪製生命故事本的方式，樂齡故事豐富了樂齡學習的價值與內涵。

五十歲之後，我們要養成時常檢視、回顧自己生命歷程的習慣，這是發現自己、了解自己上層目標一個有效的方法。其次，向標竿學習，閱讀別人的傳記，了解我們想要學習的對象，認識他們的來時路，也會對發現自己有很大的幫助。接著，我們從成人發展理論學家艾瑞克森（Eric H. Erickson）精采的生命故事來說明。

艾瑞克森從小就疑惑自己的身分，他常常問自己：「我是誰？」雖然媽媽與爸爸（繼父）都告訴他：「爸爸就是你的親生父親。」但是艾瑞克森從親戚、鄰居的流言，從他們的尷尬態度，感覺得到不對勁，因此他從小就與爸爸不親，雖然爸爸很慈祥，但他仍然感到孤獨。

艾瑞克森的外型是典型北歐人：金髮藍眼、身材高大，但是他的父母卻都是黑髮的猶太人，母親家族住在丹麥，父親家族則住在德國，當他們定居德國時，艾瑞克森常覺得與同儕格格不入，他的外型使他在猶太社區教會被認為是非猶太人的異教徒，但當他回到學校，德國同學認為他是猶太人與來自丹麥的外國人，而對他百般排擠。他的童年就是在猶太教與異教、德國與丹麥、生父與繼父之間擺盪，他因此汲於探索「自我認同」此一課題。

他厭倦學校刻板、填鴨的正規教育，雖然考取大學，但是並沒有就讀。高中畢業後，他花了六、七年流浪，因為他不知道自己未來的方向，他要追尋自我。他一度想以藝術為志，並曾學習雕刻與素描，但是當他發覺自己不會使用色彩，而且永遠無法跟上米開朗基羅（Michelangelo）等偉大的藝術家，他選擇放棄藝術之路。這個放棄使他的內心更混亂，他處在一種脆弱、退縮的狀態，也就是他所說的「自我認同的危機」。

後來，他前往維也納的海茲（Hietzing）學校教書，這所學校是佛洛伊德（Sigmund Freud）的女兒——安娜．佛洛伊德（Anna Freud）跟兩位朋友所創設的實驗學校。因為在這裡工作，他有機會接受安娜的精神分析，並在她的引導下，學習精神分析、兒童分析，接受蒙特梭利訓練，並且和一些重量級大師學習，他就此確認了以精神分析與心理學為志業。

艾瑞克森在尋找自己的路上，受到很多女性幫助。他的母親對他充滿期待，母親是他所有生命希望與力量的泉源，母親讓他感到自己與眾不同。他在維也納時，以安娜．佛洛伊德為導師來學習，安娜除了欣賞他，也像母親一樣照顧他保護他。雖然他一直在尋找並渴望父親形象，但是實質上卻是女性一直餵養他、看顧他，給他力量，讓他逐漸發展出自我以及專業。

一九二九年，艾瑞克森在海茲學校遇到了他的妻子瓊（Joan Erikson）。瓊在艾瑞克森的生命中占有重要地位，她不但照顧他的食衣住行，擔負起養育兒女的工作，並協助艾瑞克森發展學術專業。艾瑞克森經常轉換服務的醫療機構而頻繁搬家，由於出身之謎，他缺乏歸屬感，再加上過去流浪成為習慣，不斷遷徙反而讓他感到安定；艾瑞克森沒有很好的生活能力，他不喜歡做飯、買東西，甚至在餐廳也由瓊幫忙點菜；艾瑞克森也很少花時間陪伴兒女，都交由太太照顧。某些時候，艾瑞克森就像瓊的另一個小孩。瓊是漂泊不定、混淆掙扎的艾瑞克森心中一個穩定、堅強的支持力量，幫助他把混亂的生活帶上正軌，讓他感覺安心，有力量向上成長與發展。

## 發掘生命價值

艾瑞克森成為精神分析會員後，他想前往丹麥並申請丹麥國籍（因為據說丹麥是他的根），但是被拒絕了。他帶著失望與屈辱的心情離開，接受瓊的意見前往美國，美國張開雙臂歡迎他，也讓他把美國當作是自己的新祖國。

取得美國國籍後，他把自己的姓名改為艾瑞克・艾瑞克森（Erik H. Erikson），英文名字中的「H.」是他繼父的姓氏。移民美國對艾瑞克森來說意義重大，他景仰美國文化，他認為美國是民族大鎔爐、是一個新興國家，美國的國家認同是它自己所創造、生成的。當他申請歸化丹麥這個他認為的根源之地時，丹麥卻如同生父一般拒絕他，另一方面，卻有一個全新天地接納了自己，既然他追不到屬於自己的根，只能重新塑造自己。在美國，沒有人在意你的父親是誰，沒有人關心你從何處來，艾瑞克森於是成為自己的父親，終於他覺得自己開始掌握自己的生命。

一九五〇年，艾瑞克森出版第一本書《童年與社會》1，在這本書中，他以「認定」這個主題貫穿各章，並且提出最著名的理論：生命週期八階段論。一九五八年，他又出版了《青年路德》，研究宗教領袖馬丁・路德（Martin Luther）這樣面臨認同混淆與掙扎的人，如何走過心理困境，並找到力量，甚至影響了歷史的發展——這當然也是艾瑞克森自己想要回答的問題。在對路德的探討中，他發現透過自己的聲音，能化解自我認同的危機，艾瑞克森也因此找到自己的聲音與力量。

一九六〇年，艾瑞克森到哈佛大學任教，他很重視與學生的關係，幾乎有四分之一的大四生都選修過他的課。許多學生覺得他優雅迷人，並視他為精神導師，因為和他接觸與談話總是能得到心靈滿足。對學生來說，他像是一個理想的父親，也是一個智慧的長者。艾瑞克森和學生緊密的聯結，來自於學生對他的認同，也因為他協助了學生尋找自我認同與方向。

後來艾瑞克森花了五年時間（一九六四至一九六九年）出版了另一本重要的書《甘地的真理》[2]，當時他已步入老年，從他的理論來看他自己的生命建構，只剩最後一個階段，就是統整自己的生命與價值。甘地（Gandhi）出身貴族，青年時到倫敦學習當律師，原本想成為有知識、有修養的英國人，後來他明白自己不可能成為英國人，也因此被激發投入種族運動。艾瑞克森想要探討甘地如何在帶領種族抗爭行動中，實踐自己的真理。但是，艾瑞克森在寫作過程中，一度寫不下去，因為他看到甘地對周遭親人的漠不關心與霸道行徑，這竟是他原來崇拜的偶像。於是他寫了一封長達二十五頁「給甘地的信」，透過與聖人對話，討論人類根本的問題與價值，表達他對甘地作為之感覺，他並把這封信收錄於書中。藉著探尋甘地的真理，說出自己的真理，統整了自己的學說。

艾瑞克森於一九九四年九十二歲時離世，他的生命幾乎和二十世紀的世界一起走過。艾瑞克森的重要貢獻在於他能夠把「我是誰？」「我來自何處？」「我要往哪兒走？」等深沉而個人的生命問題與心理困惑，整理成一套心理學理論，他用自己的生命與智慧來萃取理論，解答了許多人的困惑；他也用自己的生命去試驗並實踐自己的理論，藉著自己的理論，走完生命週期，他認真面對自己的生命，用他的一生來追尋及整合自我。艾瑞克森可以說是自我實現、貢獻影響世界，並且自我超越最貼切的案例[3]。

**註1** 高丹妮、李妮（譯）（二〇一八）。童年與社會（原作者：Erik H. Erikson）。北京：世界圖書出版公司北京公司。

**註2** 呂文江、田嵩燕（譯）（二〇一〇）。甘地的真理：好戰的非暴力起源（原作者：Erik H. Erikson）。北京：中央編譯出版社。

**註3** 關於艾瑞克森的故事，本單元參考康綠島（譯）（二〇一七）。青年路德：一個精神分析與歷史的研究（原作者：Erik H. Erikson）。臺北市：心靈工坊。以及由中國文化大學心理輔導學系洪瑞斌副教授為本書的導讀：淺談心理學巨匠艾瑞克森的生命故事。

## 設計你的人生下半場

對於人生上層目標的追求，支持著下半場人生的意義與價值，你的上層目標是什麼？從艾瑞克森、馬丁．路德、甘地等人的生命故事，你有什麼啟發呢？是否也來回顧一下自己的生命歷程呢？

一、檢視自己的生命歷程，你發現自己的人生轉折點有哪些呢？

二、你認為生命的意義是什麼？從你的人生轉折點，你是不是更能了解生存的意義與生命的價值呢？

三、從艾瑞克森的故事，你學到最重要的是什麼？

# 課堂07 你真心想要的是什麼？

經過前面的練習，你對於自己的上層目標已經有一些想像了，接著，繼續想一想你的「行動起點」是什麼呢？很多人會在這裡卡關，不知道要從哪裡開始，不知道自己真心想要的是什麼。

**這一生，你想留下什麼？**

介紹幾個有助於找到下半場人生構想的方法。首先，是「以終為始」，想一想，你打算留下什麼遺產？你希望後人能記得你的是什麼？你希望你的親人、朋友如何描述你？史蒂芬．柯維（Stephen R. Covey）《與成功有約》1告訴我們，當蓋棺論定時，你希望獲得的評價就是你心目中真正渴望的目標。他教我們做以下的練習，請你準備筆記本，針對每一個問題，練習寫下你的答案吧。

**一、你希望你的丈夫、妻子、父母、子女等親友，以及朋友、同事，如何描述你？**

我希望他們會說：

①是一個認真的人。

②是一個愛神也愛人的人。

③是一個不斷指引我們方向的人。

④是一個不斷把我再帶回軌道的人。

你呢？

二、失去了你，對於關心你的人有什麼影響？

失去我，他們會覺得：

①失去一個重要的、可靠的諮詢對象。

②失去一個總是讓我們「看見未來」的人。

③失去一個不斷引導我們「向未來伸展」的人。

你呢？

---

三、以終為始：你對人生最終期許是什麼？

我對人生最終期許是：

①活到老、學到老、做到老、貢獻到老。

②看見大方向，抓住大原則：做重要的事，做有價值、有意義的事，榮神益人。

③奔跑賽程，始終如一，直到那日，了無遺憾。

你呢？

## 這一生，你想帶走什麼？

探索下半場人生目標，可以從自己的興趣、嗜好或是曾經有過的心流經驗來思考，試著回答下面的問題必定會有幫助。

①哪些事情對我很重要？

②哪些事情讓我感到快樂？

③在兒童時期和青少年時期令我快樂，我也很想重溫舊夢的事情是什麼？

④在職場上，做過哪些令我感到愉快，我也希望繼續下去的事情？

⑤哪些事情會讓我成為更快樂的人（不包括追求名利）？
⑥我最得意的天賦或才能是什麼？
⑦哪一類活動常帶給我新鮮刺激的挑戰？
⑧我覺得最有創意的事情是什麼？
⑨在長期打拚的過程中，我忽略了我的哪一項嗜好？
⑩哪些事情，是我一直想做，卻始終沒有機會做的？
⑪我希望拋棄哪些舊習慣？

如果有時間，你可以一一回答上面這些問題，必定會有所發現。

但是，經驗告訴我，忙碌的中年人士沒有動機回答那麼多問題，要他們拿起筆一一填答也不容易。《五十後的精采，來自你的行動與渴望》[2]的兩位作者茱莉亞．卡麥隆（Julia Cameron）、艾瑪．萊弗利（Emma Lively），認為下半場人生目標應該「要接觸自己真心喜愛的事物」，他們提供一個與上面類似的活動，但是更具體也更容易練習，例如：列出二十項令你心情愉快的事情。這個練習可能是一個起點，幫助你發展出一套生活座標。作者特別提醒我們，注意尋找最可行的構想、最真誠的想法，以及確實使自己興奮的念頭，在探索下半場人生目標時，學習表達真實的自己也是活躍老化的課題。

二十項令我心情愉快的事情是什麼呢？

①和朋友聚會，唱詩歌、閱讀／分享生命的話（《聖經》）。
②享受咖啡與烘培的香氣。
③擁有搖尾迎接、忠誠的狗。
④與朋友一起學習運動，做重量訓練、伸展活動。
⑤旅遊參觀、訪問交流。
⑥跟心意相同的人，一起交流學習。

⑦與一群朋友分享生命經驗與人生設計進度。

⑧設計好課程，開設好課程。

⑨走路散步、思考想像。

⑩朋友一起學習好菜好食、共食共享。

⑪一起去看望朋友，走出陰霾與自己的小天地。

⑫看見別人因為自己的幫助而變得更美好。

⑬真心倡議重要的事情：未來準備、終身學習、教學研究、人生設計、聚會模式。

⑭聆聽有內容的訊息、課程、演講。

⑮提供有品質的好產品。

⑯保持優雅、美麗、健康。

⑰提供（引介）各種自我超越的好東西。

⑱分享愛與關心，專業助人。

⑲ 讓自我感覺 Loser 的人成為 Winner。
⑳ 像一艘商船：從遠方來，無限供應。

以上的練習，不必拘泥內容是否宏偉，也不用管別人怎麼想，只要是你真心想要、真正令你喜悅的事情，就寫下來。我採用「想到就寫」的方法，不管順序、不修飾文辭，只要是真實的想法、真正令你興奮的事情。現在請你找個安靜時刻，練習「想到就寫」，寫下你自己的「真心想要」。

**這一生，你想成為什麼？**

以上兩個練習，都是很有用的思考方式，幫助我們構想下半場人生的「真正想要」。第三個方法是「榜樣學習」，在下半場人生設計過程中，向標竿學習是很重要的，標竿人物使我們能夠勇敢丟棄覺得自己「不可能」

的根深蒂固念頭。後五十人生可以更精采，但是，要先改變想法，才能抓到機會、看見出路。

歷史上，有很多人到了晚年，依然充滿活力和創意。艾蒂（Mary Baker Eddy，1821-1910）在八十七歲那年，完成個人的使命——創辦一份具有宗教影響力的報紙《基督教科學箴言報》（*The Christian Science Monitor*），這是一份難得一見、歷史悠久的好報紙；英國作家毛姆（William Somerset Maugham，1874-1965），他在八十四歲完成生平最後一本著作《卡塔麗娜》（*Catalina*）；義大利歌劇作曲家維爾第（Giuseppe Fortunino Francesco Verdi，1813-1901），到了八十多歲依然創作不斷；英國作家蕭伯納（George Bernard Shaw，1856-1950），九十多歲了還持續在寫劇本，九十三歲時更寫下名劇《牽強附會的寓言》（*Farfetched Fables*）；美國現代建築開山祖師萊特（Frank Lloyd Wright，1867-1959），他是大家公認二十世紀最偉大的建築師之一，他在八十九歲那一年完成最後一張建築設計圖。當然，這些都是世界知名的偉人，他們的事例或許不是你我能相比的，上面的例子只是要證明一件事：年齡不是問題，知道自己「能做什麼」、「真的想做出什麼」才是關鍵。

## 這一生，你真心想做的是什麼？

最後，如果還是想不出太多好點子，還是向前輩學習、多聽他們的分享吧，《幸福退休新年代》[3]的作者爾尼．柴林斯基（Ernie John Zelinski）匯聚了前輩所分享的下半場人生構想，哪些事情或許也是你想要做的呢？請試著勾選。

- □①重返大專院校攻讀某個學位，目的是學習而不是找工作。
- □②帶著相機前往非洲、南美洲、亞洲等地拍攝自然景觀。

□③從事社會改革工作。
□④當弱勢兒童的志工老師。
□⑤增加太陽能方面的知識，並協助推廣這項能源的用途，以造福人群。
□⑥至少去五十個國家旅行，了解當地人民、歷史、經濟、地理和風俗。
□⑦組織抗議團體，反對引起民怨的政治計劃。
□⑧抱著愉快的心情退休，然後開一門課，教別人如何做個快樂的退休族。
□⑨寫科幻小說。
□⑩為自己居住的城鎮做歷史紀錄。
□⑪創作並出版幾本詩集。
□⑫做個宣揚環保優點的公眾演說者。

□⑬經營民宿，不為賺錢、只為好玩。

□⑭幫助家人和朋友改善生活。

□⑮保持年輕的心情。

註1 顧淑馨（譯）（二〇一七）。與成功有約：高效能人士的七個習慣（原作者：Stephen R. Covey）。臺北市：天下文化。

註2 陳文怡（譯）（二〇一八）。五十後的精采，來自你的行動與渴望：啟動創造力12堂課X安頓身心68個練習（原作者：Julia Cameron、Emma Lively）。臺北市：大好書屋。

註3 譚家瑜（譯）（二〇〇五）。幸福退休新年代：理財顧問不會告訴你的退休智慧（原作者：Ernie John Zelinski）。臺北市：遠流。

## 設計你的人生下半場

透過上面不同的方法，你找到自己下半場人生目標了嗎？

一、請寫出你的目標。

二、請寫出你想做的事情。

# 課堂 08

# 設計人生藍圖：健康生活

打造健康人生是大家共同追求的目標，健康是一切美好夢想開始的基礎。我們都希望活躍老化、保持健康，一個人能夠年過五十歲而沒有任何一項慢性病，實在是可喜可賀的事，絕對值得認真保持。年過半百後常收到保健祕方，人人也都有自己一套保健方法與保健重點，都各有其效用，不過有一點零零落落的感覺，也不知道熟真孰假，這個議題需要好好學習。

## 以健康狀況自豪

一直以來我覺得自己是很養生的人。每個早晨一定製作含有十種成分的精力汁，再加上麵包或饅頭，這就是我的早餐；我對於養生的定義就是飲食清淡，少鹽、少油、少糖，我不愛奶蛋魚，這些對我而言是腥味稍重的食物，我最愛青菜、豆腐、豆皮與饅頭，一直以來，這樣的飲食都沒有問題。此外，四十歲時開始服用類似綜合維他命的保健食品。我感覺自己的保健工作做得很到位！

二十八歲左右開始，我就有規律運動的習慣。當時正準備出國念書，感覺遠渡重洋讀博士班是一段艱辛的旅程，需要有好的身體，且因為經費有限，絕對不能生病，於是開始將慢跑當成規律的運動項目；回國教書後，又因為住在宿舍，下班後就近在四百公尺的校園田徑場跑步，日復一日、養成習慣。當年，每天從幼兒園、小學接回兩個小朋友，就直奔運動場，他們在田徑場的跳遠沙坑中玩沙，我則開始慢跑，大概跑十圈運動場，跑完後汗水淋漓，十分暢快，才一起回家準備吃晚餐。之後，搬離開宿舍，住在離學校車程十分鐘的社區內，依然盡可能風雨無阻到校園內跑步運動。

那時候，每天幾乎是相同的生活型態，感覺自己實在非常健康，每天精力充沛，不常感冒生病，也很少覺得累，我常以自己的健康狀況自豪。

我大概從四十四歲開始擔任系主任兼所長，原本所務工作即相當繁忙，再加上為了開拓業務、行銷系所，開始跟政府部門提案，陸續執行許多計劃，由於每一個方案都是全新的，需要從頭擘畫，相當耗時費力。當時雖然盡量維持健康生活型態與養生習慣，秉持再怎麼忙碌、也絕對不熬夜的自我要求，只是，事情愈來愈多，又總是求好心切、使命必達，雖然自己沒有感覺，但是學生後來告訴我，那時候的我臉上都沒有笑容，壓力肯定很大。公務繁忙不堪，孩子們的管教照顧也費力，只是我自己仍然沒有覺得累。

## 工作壓力下的慢性病

生活愈來愈忙，五十五歲那一年，我開始感覺身體有些不一樣。每當我帶著上課資料從三樓研究室走上五樓上課教室，竟然感覺有點喘不過氣，爬樓梯也爬得有點辛苦，對於慢跑十年，每次可以跑五千公尺的我而言，這種現象實在有點不可思議，不過，行走平路還是可以跟往日一樣健步如飛，只要不爬坡就好，因此，當時並不太在意。我覺察到身體這種情形大概有一、兩個月之久，有一天早晨，我從鏡子觀看自己，突然發現鏡中人暴瘦，我嚇了一跳，覺得不能如此放任不管了。於是，立刻前往醫院做檢查，第一份抽血結果出來是營養不良，我起先還滿高興這個檢驗結果的，心裡想老天還真是憐憫我呢，從此我可以放膽地吃喝各樣東西了吧，兩週後，另一份抽血報告出來：甲狀腺機能亢進。於是，我開始了人生第一次的慢性病治療歷程，當我第一次為自己而不是爸爸、媽媽領取慢性病處方箋時，感覺真是五味雜陳。

我開始定期回診治療甲狀腺亢進，持續四年，目前我已經不必吃藥，只要定期抽血檢查即可。然而，在治療甲狀腺的過程中，醫生發現我的低密度脂蛋白（俗稱壞的膽固醇，LDL）稍高，建議我服用降血脂的藥。一開始我很納悶膽固醇的問題怎麼會發生在我身上，我屬於瘦長型身材，加上飲食清淡，怎麼會有膽固醇問題？後來，我聽了一場由醫生主講關於膽固醇的課程，一一檢視演講者簡報中一連串造成膽固醇過高的可能因素，其中95％我都沒有，只剩一項可能：壓力，據說壓力會導致體內自行合成膽固醇。或許，這是長時耗心力工作的必然結果吧！

因此，我又必須服藥了，對於「服藥」，我跟大家一樣，心裡很排斥，總覺得吃藥傷肝，搞不好到頭來還要洗腎。所以，我跟醫生商量可不可以先不要吃藥，讓我透過運動、飲食控制看看。醫生同意我的提議，讓我試了三個月後，再次檢查，發現無論怎麼控制，LDL總是無法下降至一百以內。醫生告訴我，既然如此，何不直接吃一顆藥，這樣，所有美食都可以正常品嘗，醫生這一番話，使我想到自己曾經有營養不良的紀錄，他的建議讓我開始對拒絕服藥動搖。醫生又告訴我，他自己在大學時就因為膽固醇過高開始吃藥了，他又說很多人喜歡吃魚油，但是，沒有證據顯示吃魚油可以降低血脂，而服藥，不但有助於降血脂，還可以保護心臟。

「降血脂的藥還可以保護心臟」（我也跟心臟科醫生再確認了），這句話對我真是臨門一腳，我決定乖乖服藥、定期檢查、正常飲食。接著，我開始每日服藥，並且三個月檢查一次，醫生說：「慢性病控制好，就算好了。」目前，我已經改成六個月回診一次，代表我控制得還不錯。

## 保健、紓壓的必要

回顧這段學習擁有健康人生的過程，我有了兩個體悟：第一，「長期作用」可能有驚人後果；第二，「身體健康」是需要持續關注並保養，五十歲過後可能有巨大的變化。身體保健要以學理為基礎，也要從全人系統的角度來設計。否則，如同瞎子摸象，沒有系統的養生保健，或許當時不以為是個問題，但長期來看，可能帶來嚴重的後果。例如：我的飲食極度不均衡，但是，我當時並不以為意，而身體也沒有不舒服的症狀，當我處於三十幾歲、四十幾歲時，可能不至於發病，但是，五十歲開始，如果仍然不體貼身體的聲音、不照顧身體的需要，只會離活躍老化愈來愈遠。

關於健康人生的設計，人人的需求雖然都不同，但是應該有一個規律可循，以下是我從過去的失敗經歷所體會出來的原則，供大家參考：

一、保健設計要以定期健康檢查報告為基礎。

二、尋找一個會聽你說話、也會跟你說話的醫生，好醫生有助於個人健康管理實施的成效。

三、運動保健的需求，隨著年齡增加，需求項目也會改變。

四、不必排斥服藥，隨意停藥，可能是風險的開始。

五、傾聽心的聲音，它會指引你當行的路，千萬不要忽略心的感覺。

六、壓力是一切疾病的源頭，要學習紓壓之道。

七、飲食影響健康很大，保健行為不可忽視飲食安排。

## 設計你的人生下半場

一、你上一次做健康檢查是什麼時候呢？

二、你的健康檢查有哪些項目表現不佳或是在臨界點呢？

三、你是否有固定的醫生與醫院呢？

四、壓力是一切疾病的源頭，請利用下表評估個人壓力指數。

### 壓力指數測量表

★使用說明：你的壓力指數如何呢？請對於下面各項問題，勾選最適當的答案。

| 題目 | 是 | 否 |
|---|---|---|
| 1 你最近是否經常感到緊張，覺得工作總是做不完？ | | |
| 2 你最近是否老是睡不著，常常失眠或睡眠品質不佳？ | | |
| 3 你最近是否經常有情緒低落、焦慮、煩躁的情況？ | | |

| | | |
|---|---|---|
| 4 你最近是否經常忘東忘西、變得很健忘？ | | |
| 5 你最近是否經常覺得胃口不好？或胃口特別好？ | | |
| 6 你最近六個月內是否生病不只一次？ | | |
| 7 你最近是否經常覺得很累，假日都在睡覺？ | | |
| 8 你最近是否經常覺得頭痛、腰痠背痛？ | | |
| 9 你最近是否經常意見和別人不同？ | | |
| 10 你最近是否注意力經常難以集中？ | | |
| 11 你最近是否經常覺得未來充滿不確定感？恐懼感？ | | |
| 12 有人說你最近氣色不太好嗎？ | | |

⊕壓力指數評估：

✓回答 3 個「是」：你的壓力指數還在能負荷的範圍。

✓回答 4～5 個「是」：壓力滿困擾你，雖能勉強應付，但必須認真學習壓力管理了，同時多與良師益友聊一聊。

✓回答 6～8 個「是」：你的壓力很大，趕快去看心理衛生專業人員，接受系統性的心理治療。

✓回答 9 個以上「是」：你的壓力已經很嚴重，應該看精神專科醫師，依醫師處方用藥物治療與心理治療，幫忙你的生活趕快恢復正常軌道。

參考資料：衛生福利部國民健康署健康九九網站。壓力指數測量表。取自 http://health99.hpa.gov.tw/OnlinkHealth/Quiz_pressure.aspx。

## 五、飲食影響健康很大，請利用下表評估個人飲食行為。

### 飲食行為測量表

| ★使用說明：<br>請你根據最近一週的飲食狀態，選擇適當的答案。「總是」是指10次中有8次以上是如此；「常常」是指10次中有6～8次；「偶爾」是指10次中有3～5次；「很少」是指10次中有1～2次或全非如此。 | | | | |
|---|---|---|---|---|
| 請勾選最符合自己的頻率 | 很少 | 偶爾 | 常常 | 總是 |
| 1 我定時吃三餐。 | | | | |
| 2 我不吃甜食或零食。 | | | | |
| 3 我吃東西時細嚼慢嚥，每口食物至少嚼二十次才吞下。 | | | | |
| 4 口渴或很熱時，我不喝汽水、可樂、運動飲料、加糖的茶或咖啡飲料，而會喝白開水。 | | | | |
| 5 我避免吃油炸或含油高的食物（如腰果、花生、瓜子、洋芋片）。 | | | | |
| 6 我每天吃水果。 | | | | |
| 7 我每天吃綠色蔬菜。 | | | | |

| | | | | |
|---|---|---|---|---|
| 8 我會吃宵夜。 | | | | |
| 9 我在看電視或看書刊雜誌時會吃東西。 | | | | |
| 10 我心情不好時，會吃東西來紓解。 | | | | |
| 11 我用吃來獎勵自己或慶祝。 | | | | |
| 12 我在很餓時，才去買東西吃。 | | | | |

⊕計分方式：

✓題號1～7，答「總是」得3分、「常常」得2分、「偶爾」得1分、「很少」得0分。

✓題號8～12，答「總是」得0分、「常常」得1分、「偶爾」得2分、「很少」得3分。

⊕飲食行為評估：

✓0～12分：慘了！慘了！你的飲食行為非常糟糕，建議你要下定決心減重。

✓13～20分：比0至12分好一點，也別「龜笑鱉無尾」，請努力改變自己的飲食習慣。

✓21～30分：加油！加油！再改善一些小缺失後，飲食習慣就更棒了。

✓31～36分：你真棒！請持之以恆，就可以輕鬆獲得健康唷！

參考資料：行政院衛生署（一九九七年四月）。戰勝肥胖：減重指導手冊。

六、請寫下自己一天的生活作息安排，包括：飲食、運動等等。

七、請寫下你的健康人生板塊設計。

| 「健康」板塊的問題 | 優先順序 | 行動方法 |
|---|---|---|
| | | |
| | | |
| | | |
| | | |
| | | |

# 課堂09 設計人生藍圖：安可職涯

歐盟針對全球性的人口老化，於二〇〇六年提出「活得愈久，做得愈久」的政策主張，鼓勵大家繼續工作。身處百年人生的長壽社會裡，首先要讓「退休」的概念「退休」，「退休」只是離開一份工作，而不是退出人生舞臺，從一份工作退休，是為了完成另一個自我實現。

下半場人生設計，雖然有許多的不確定，然而有一點是可以確定的：人人都要有繼續工作的規劃打算，這就是「安可職涯」（Encore Career）的概念。如何辨識自己是否進入安可職涯呢？如果你覺得「不想再過與生活賽跑的日子」，或是產生「難道這輩子就這樣嗎？」的想法，表示你該思考要有所改變了。

## 開啟安可人生

繼續工作的必要，符合高齡人生的需求。研究顯示，年紀愈長，愈希望能為社會帶來正面影響、渴望貢獻社會，這也是讓自己感到幸福最簡單的方式，艾瑞克森稱此為「提攜後輩的需求」。此外，從現實層面來說，在惡劣的經濟環境下，安可職涯更是維持晚年生活的好方法。根據《安可職涯》[1]作者瑪希．艾波赫（Marci Alboher）報導的一份統計資料顯示，美國有九百萬人於退休後加入職場，有三千一百萬人在尋找機會。跟安可職涯相關的組織如：The Transition Network、ReServe、Coming of Age、Encore.org，安可職涯（Encore.org）總裁馬克．費德門（Marc Freedman）更設立了人生宗旨獎，目的是表揚六十歲以上處於安可職涯階段有顯著貢獻的人。

推動樂齡學習十一年來，我遇見很多人因為樂齡開始了「安可人生」，他們原來在下半場人生轉彎處徘徊，透過樂齡學習，成功開創下半場人生的新舞臺。因為樂齡學習而重返大學校園追求碩士學位以及博士學位的大有人在。也有人接受樂齡學習培訓後，自己成為樂齡老師一圓為人師的夢想，光是我負責的輔導團五年內就培訓了七百七十三位樂齡老師；他們透過專業的教學訓練後，也能夠貢獻社區，指導樂齡族做吃的、用的，教他們運動健身，也帶領他們走出社區交流學習。還有人由於樂齡開始籌組非營利組織，擴大服務的範圍。這些都是安可職涯的成功案例。安可職涯重在「繼續工作」，但是不受限有酬勞的工作，至二〇一九年，加入樂齡學習志工行列者有一萬一千六百五十二人。

投入安可職涯繼續貢獻，需要經歷一些調適過程。我發現大多數人正如成人教育研究所說的具有「高自尊、低自信」的特質，他們的能力都非常好，有本事做出有品質的東西，只是當我要託付他們任務時，他們多半會先懷疑自己的能力，或是先預想一堆問題，有時候，都還沒有開始工作，自己就開始感受到壓力。我也發現能夠成功跨入安可職涯階段的人有一個共同點，他們更願意社會參與、更經常繼續學習，十年來，持續參加樂齡學習各種研習培訓，並且真的投入實作歷程的人，或是成功攻讀學位班的人，比零星參與訓練、偶爾投入協助的人，更有機會獲得成功的安可職涯。

當然，也有很多人還在尋找出路，雖然他們都多才多藝、認同樂齡學習，但就是不知道自己的安可職涯要做什麼。下面的方法，或許有助於跨出第一步。

想要繼續工作，創造安可職涯，先要想清楚三件事。首先，建立「不只是做一份工作」的想法，可以先思考最近兩年想做的事情，不必想一輩子要做的事。以我為例，最近兩年我想做的事情，就是要把「活得久、活得好」的好課程一門一門開出來，例如：運動健康（特別是功能性體適能、強化肌力訓練）、營養飲食、生涯設計、人生美學等。我覺得這些課程能讓高齡人生變美麗，但是，目前卻找不到太多令我滿意的課程，如果我自己都不滿意現有課程，其他人也可能不會滿意，既然我們創造了樂齡學習，就有責任繼續深化、普及樂齡學習，這是我最想要花時間投入的事情。

其次，結合「休閒」、「進修」、「旅行」三個概念來思考繼續工作的選擇，下一個階段的工作、不只是工作。我從二〇〇五年開始，每一年的出國都不是純休閒旅行、也不是純工作進修，而是結合兩者，我稱這樣的模式為旅遊學習，讓我的工作或休閒都別有收穫。所以，在我最想做的事情裡，其中一項即是透過開設好課程，帶領大家一起旅遊學習，一方面似乎是旅遊，但是，另一面其實是在學習，整合了參觀、交流、訪問的學習模式。很多朋友都對這樣的構想表示相當期待，也使我更有動機設計好課程。

第三，想一想，做什麼事讓你感到快樂。對我來說，做什麼事讓我快樂呢？答案一直都沒有改變：做有意義、有貢獻、有價值，能帶來改善與影響的事情，就是最令我快樂的事情。

輪到你了，請依序回答這三個問題吧！

一、最近兩年你想要做的事情是什麼？

二、繼續工作的選擇能不能結合「休閒」、「進修」、「旅行」三個概念呢？

三、做什麼事讓你感到快樂呢？

## 改變不難，從心出發

依然覺得開創安可職涯很困難嗎？因為不知道自己喜歡什麼、不喜歡什麼。我曾經在一次教學中引述史蒂芬．柯維在《與成功有約》提到的概念，一個人在成長過程都承襲許多來自他人的人生腳本，若想要掌握自己的人生，首先要改寫腳本，改變既有成見，排除不合宜的價值觀跟制約。同學們同意自己的確是受他人的人生腳本所影響，但是，不少人問我，改變很難、應該從哪裡開始？我的答案很簡單：從你真心想要的開始。

你真心想要的是什麼呢？試著把想到的點子都寫下來。例如：

一、我想輔導別人。

二、我想成為顧問。

三、我不想一直待在辦公室。

四、我喜歡發揮創意。

五、我喜歡被小孩子包圍，但是，不喜歡教書。

六、我喜歡與年長一些的人一起工作。

你也可以從自己喜歡的工作特質來思考什麼是你想做的，以下是我的

答案：

一、工作使我有滿足感。

二、我能自主規劃我的工作。
三、工作使我能榮神益人。
四、工作使我能跟一群有相同使命的人在一起。
五、工作使我能發揮正面影響力。
六、工作結果為我的生活帶來影響與改變。

請試著整合上面的兩個練習，再問自己一次，有哪一件事情，我願意為它改變現有生活，我願意為它挪出時間與精力？

下半場人生的工作設計要能夠持續，還有一些實際的因素需要納入考慮。你可以問自己，若要繼續工作，我重視的因素是什麼呢？請回答以下問題：

一、你希望薪水是多少？

二、這個工作需要什麼訓練？需要什麼學位？
三、可以兼職嗎？工作時間有彈性嗎？

綜合上面的練習，如果你已經找到想要的工作類型，就可以開始嘗試，不要再想太多了！安可職涯總是邊做邊修改。前輩告訴我們，只要開始行動，很多人事物就會陸續出現。設計下半場人生，我們可以把時間拉長，不用急，邊做邊學是很正常的。

最後的建議，對於起步會有幫助：

一、尋找在那個領域中活躍的人，去拜訪他，或閱讀跟他有關的報導。
二、參加看看跟你想做的工作相關的活動。
三、了解哪些單位比較會雇用年長的人去做你想要做的工作。
四、如果你想要創立自己的組織，需要做什麼準備？

五、有哪些已經在運作的計劃是你想加入的呢？

註1　范瑋倫（譯）（二〇一四）。安可職涯：40到70，熟齡世代打造最熱血的工作指南（原作者：Marci Alboher）。新北市：好人出版。

# 設計你的人生下半場

一、對你而言，下半場人生工作的意義是什麼？

二、你最想要做的工作是什麼？

三、你希望的工作條件有哪些？

四、滿足你工作條件的工作有哪些？

五、誰是你可以諮詢的對象呢？去跟他談一談，聽取他對你的建議。

# 課堂 10

# 設計人生藍圖：彼此相愛

下半場人生設計的四大板塊中，我覺得「愛」是最重要的一塊，有道是：「有愛」就「無礙」，不過我們很少真正思考「彼此相愛」板塊要怎麼設計。

我發覺我們對於「愛」的領會十分有限，一方面，由於文化傳統比較保守，另一方面，我們的教育也很少討論這個問題。以致我們彼此相愛的表現，多流於「愛在心裡口難開」，或是「一切都是為了你好」，比較多直接關係、垂直的愛，存在於父母、夫妻、子女、手足或親戚之間，而這一類的「愛」又似乎是「責任」的成分更多。

## 你正確理解愛嗎？

在少子化、高齡化社會中，多數家庭都只有一、兩個子女，如果愛的關係只窄化在家人之間，最後可能只會帶來壓力與失望。

每一年我從學生的情形，大致可以看出父母對孩子的愛有多深、影響有多大。班上曾經有一個成績十分優秀的研究生，但是，她只讀了一學期就決定要休學，因為，母親無所不在的影響力使她難以安心念書。例如：每天晚上媽媽都會打電話，如果一時漏接了電話，立刻回撥後，就是一頓責罵；若是因為功課繁忙，沒有辦法定期回家，媽媽就會以生命來威脅。她告訴我，她的媽媽曾經在她高中時，由於一次考試沒有達到預期的表現，而當著她的面吞下許多安眠藥，這個恐怖的經驗把她嚇壞了，自此她對於媽媽的任何要求都百依百順。她領受父母的愛很深刻、卻很沉重。

前面的案例，在大學並不算少見。因此，當我思考下半場人生「愛」

的板塊時，覺得我們必須從家人的愛擴及非家人的愛，從直接關係到間接關係、從垂直到水平，最好能兼顧兩者，如此才能使我們的下半場人生更豐富，更能真正活出「彼此相愛」。

由於推動樂齡學習，也促使政府訂定八月的第四個星期日為祖父母節，這個節日的目的在提醒大家關心長輩、縮短代間距離。很多樂齡中心都會在祖父母節舉辦活動，但多數還是針對祖父母跟孫子女的關係，因此每一年的活動就難以有太大的突破。歐美針對代間融合的議題，推出「認養祖父母計劃」，鼓勵高齡者協助照顧其他家庭的小孩，這些家庭的父母可能是年輕父母或是單親父母，為了讓父母可以放心工作或是完成基本教育進修，由已經是祖父母的人認養孫子女，「彼此相愛」的概念就此延伸並擴大。

目前由於新型冠狀病毒肆虐，人們受苦無限，但是，我也看見很多暖心活動。在德國，有人在網路上發起：「我可以幫忙！你需要幫忙嗎？」

主要是年輕人幫助高齡長輩採購、辦事，或是提供任何長輩需要的服務。類似的事情也發生在日本，由於疫情導致計程車司機生意大受影響，於是他們靈機一動提供代辦服務，主要是協助高齡者採購、領藥等等。這些都是疫情中非常溫暖的代間活動，青銀互動、彼此相愛，是高齡社會最美的風景。

下半場人生設計中，建立彼此相愛的人際關係，其重要性僅次於身心健康、經濟安全。《幸福老年的祕密》[1]記錄了美國一項長達七十年的研究，研究發現，溫暖與親近的人際關係是建立良好人生的最重要因素。《第三人生自己設計》[2]的作者張芳玲曾經兩度訪問日本百歲女作家吉澤久子，根據她的報導，這位百歲女作家從六十五歲開始獨居，一直到九十九歲依然以「保持社交」的狀態生活，足見朋友間的彼此相愛，實在是美好人生的要素，不亞於家庭親人之間的關係。加拿大退休達人爾尼．柴林斯基於二〇〇五年出版《幸福退休新年代》，其中提到，快樂、灑脫、自由的退休生活，不只是依靠足夠的財富與經濟生活，還要仰賴朋友、社區與家人的支持，構成幸福退休生活的要件包括：身心健康、精神富足、良好的家庭和友誼關係、豐富多樣的趣味活動；退休若對人有不好的影響，那是因為他失去工作伙伴、缺乏生活樂趣、無法適應變動。如果你是一個除了上班之外，沒有其他嗜好的工作狂，更應該要及早準備，人際關係就像儲蓄，需要時間累積並儲存。

退休生活打算如何運用？想跟哪些人相處在一起？誰是你彼此相愛的對象？這些都要及早思考，因為可能會影響你的居住選擇。從社會資本[3]的觀點來討論，人際關係是社會資本的重要內涵，包括兩個層面，第一個層面是發生在「個人」與「鄰居」之間的關係，第二個層面是出現在「個人」與「社區系統」的關係。因此，彼此相愛的板塊設計，對於老後居住選擇會有影響，住在鄉村田野與住在嚴密管理的社區大樓，對於人際關係將造成不一樣的結果。

## 打開家，讓我們彼此相愛

當今資訊科技社會，人際關係多半以匿名方式存在，因此，會呈現一種不穩定以及支離破碎的現象，透過對於社會資本概念的理解，我覺得設計未來人生，要學習重拾傳統社會中人與人、面對面的人際互動關係，從熟悉的老面孔和情感中，建立起互助的道德規範和責任情感，傳統的社會資本可以改善現代社會人們的疏離與孤獨。

從張芳玲對吉澤久子的報導，我發現吉澤久子有一項很棒的彼此相愛的實行。她打開家門、舉辦聚會超過五十年，並且仍然持續中，聚會內容是成員與大家分享自己的文化研究，雖然現在年紀大了，但是大家仍然來她的家裡聚會。吉澤久子建議，我們要整理家裡，使家裡清爽大方，要讓別人來家裡，不要切斷社交生活，要使家裡有活力。張芳玲訪問她時，她的這一段話，讓我很有啟發：

> 如果我身體不舒服，我會躺在房間休養，這時若有人說要來照顧我，我就讓人來照顧我，這仍然是社交的一種，我感到房子裡有人走來走去，這樣對我很好。[4]

開放自己的家成為聚會場所，的確是建立社會資本實惠又溫馨的做法。

我自己也是打開我的家成為聚會場所。我是基督徒，過去二十年來，我經常打開家，固定於每個星期五晚上歡迎朋友來我家聚會，我們一起吃飯用餐，以及歡唱詩歌、研讀《聖經》，或是彼此分享交流生命經驗。雖然把家打開，需要準備餐點茶水、需要張羅一切，對於行程滿檔的我似乎是有一點辛苦，但是，多年來，其實我自己受益最多。讓離家在外的莘莘學子，能夠每週都有機會享受「家」的味道、品味一頓「家」的晚餐，我覺得很有意義、很值得，看他們一夥人來吃飯、享受詩歌與聚會，我自己也充滿活力、忘卻原來的疲累。這樣的生活是下半場人生最好的「彼此相愛」。

回想我在臺北念大學時，那是人生中第一次離家，每當晚餐時刻路過龍泉街的小巷，我習慣仰望公寓內一家一家透露出來溫暖的、暈黃色的燈光，那時候內心非常羨慕，非常渴望能有一個「家」在我需要時為我打開。也許是那一種匱乏的心理，使我後來對於把家打開邀請遊子用餐特別有感。

「打開家」的想法在我去美國念書時開始實現了。留學生活苦不堪言，好友相聚是留學生最期待也是最實惠的娛樂。因此，那些年，我常常邀請留學生來家裡用餐，一起分享存活祕訣，彼此打氣，雖然大家都是苦哈哈的留學生，但是，只要有醬油味、只要大家聚在一起，什麼都好吃。我覺得基督徒有一個詞語用得真好，基督徒請你來一起用餐，叫做「愛宴」，換言之，飯菜中只要有愛，就是筵席了。那一段日子，我覺得是最貼近「彼此相愛」、「彼此需要」的生活實踐。

雖然「打開家」的人總是要多忙一點，然而，換來的卻是難以言喻、千金難買的喜樂、富足與價值感。每次聚會，我感覺自己就像是坐在緩緩升空的熱氣球，精神愈來愈好，直到聚會結束，感覺自己又重新得力。我想我能夠在蠟燭兩頭燒的前中年時期存活，跟我把家打開、享受彼此相愛的生活，應該大有關係。

「打開家」也讓我不知不覺順利度過毫無失落感的空巢期。我的兩個孩子在高中出國念書，所以我很早就進入空巢期，只是我從來沒有體會到空巢的滋味。孩子不在家，我當然會想他們，只是生活繁忙、家裡總是熱鬧紛紛，每週都有學生到家裡用餐聚會，有一段時間，甚至幾乎天天晚上我家都有基督徒聚會，因此我不會沉浸在思念中太久。另一方面，我深知孩子雖然在國外，卻一樣是在基督徒家中聚會，我在臺灣照顧別人家的小孩，我的小孩也正在別人家裡被照顧，這樣的生活實在太美妙了，為什麼要憂鬱呢？

我深覺下半場人生「愛」的板塊設計，要擴大「愛」的對象，跳脫只有家人子女的狹窄的愛，才能更真實經歷「彼此相愛」的闊長高深，這就是下半場人生幸福的來源，也是健康的祕訣！

註1 王敏雯（譯）（二〇一八）。幸福老年的祕密：哈佛大學格蘭特終生研究（原作者：George E. Vaillant）。臺北市：張老師文化。

註2 張芳玲（二〇一九）。第三人生自己設計。臺北市：太雅出版社。

註3 研究社會資本的代表人物是皮耶瑞．布爾迪奧（Pierre Bourdieu），他認為社會資本是一種真實或潛在的資源總和，這些資源是從長期穩定的人際關係中形成的，是由所有成員共同擁有的，大家都可以利用這些資源。社會資本是一種持久的網絡關係，也是一個團體中的友伴關係，這種友伴關係形成了社會連帶的基礎。布爾迪奧認為社會資本的要素包括：信任、社會網絡、互惠和互助、價值（規範）和承諾的歸屬感、有效的資訊管道。

註4 張芳玲（二〇一九）。第三人生自己設計。臺北市：太雅出版社。

## 設計你的人生下半場

一、你每週至少會參與一次的團體有哪些呢？

二、在這些團體中，你扮演哪些角色呢？

三、這些團體對於你的重要程度如何呢？

四、寫下你關心的對象。

五、為了實踐彼此相愛的人生設計，你的生活需要有哪些投入或改變呢？

# 課堂 11

# 設計人生藍圖：遊戲人間

遊戲人生該怎麼設計？怎麼樣才算遊戲？

孩童時期生活中最大的樂趣就是遊戲，揪團一起玩彈珠、捉迷藏、方塊步等，只要是呼朋引伴，只要不是學校、不是功課，都算遊戲。到了成年階段呢？我想不起有什麼遊戲吸引我，使我開心的事情，仍然是志同道合的朋友把酒言歡，老朋友相聚就是最大的樂趣。這算不算遊戲呢？

## 你的遊戲時刻是什麼模樣？

運動休閒科系於一九八〇年代開始風行，出現一些需要指導的休閒遊戲，重口味的例如：高空彈跳、海底浮潛、大湖泳渡，或者最近很流行的超馬／路跑。也有包裝比較精緻的遊戲，例如：豪華郵輪之旅、星級火車之旅。你喜不喜歡這一類型的遊戲呢？

你如何定義遊戲？我喜歡《做自己的生命設計師》[1]兩位作者比爾．柏內特（Bill Burnett）、戴夫．埃文斯（Dave Evans）對於遊戲的定義：單純去做就覺得開心的事，就是遊戲。好在有這一個定義，使我的人生在進入成人階段後，還可以有遊戲。對我而言，遊戲是簡單的，也只有能夠在簡單中立刻達到復甦效果的活動，才對我有吸引力，只要能夠從參與中獲得放鬆與增能的活動，都算遊戲。

回想當我還處於三明治的家庭生命週期中，也就是我的兩個小孩都還在念小學的時期，那時候我跟所有職業婦女一樣，每天的生活都像個旋轉不停的陀螺，一天的時間表幾乎沒有一點空隙，只要有一點點拖拉，下一個行程就要遲到。那個時期，我每天大約五點半起床，進行晨興禱告使自己復甦、充電後，就開始準備早餐，並且很精準地在六點四十分完成全家人的早餐與孩子們要帶去學校的點心，接著開始一個個 Morning Call。

在每天緊湊的早晨行程中，如果可以捕捉到一些空檔，坐在家中客廳的單人沙發上，品嘗一杯自己煮的咖啡，面向東邊的窗戶，享受清晨的日光灑落，這時候就是我最幸福的遊戲時刻。這個時間很短，也不是每天都有，但是，在那段日子中，那就是我最深刻、最喜愛的遊戲。

## 找到遊戲，恢復人生創造力

《五十後的精采，來自你的行動與渴望》的兩位作者茱莉亞．卡麥隆與艾瑪．萊弗利，提出了四個恢復下半場人生創造力的基礎工具：

一、晨間隨筆：每天提筆，想到就寫，但是只寫給自己看。

二、回憶錄：每週一次整理過往，每一次可再增加幾年，藉此可以引導自己觸動記憶力，透過回憶錄也可以回顧人生、修復傷痛，有反省、有前瞻。

三、為自己創造「玩美高手日」：自己去探索好玩的事情，每週一次，但是務必要獨自進行。

四、步行：單獨行走二十分鐘，作者特別強調，要自己一個人，沒有手機、朋友或是狗，透過步行能夠解決事情，能使混沌變得條理分明、也可能為難題找出答案。

我喜歡的其他遊戲，正是作者說的玩美高手日與步行。出國或是旅行到鄉間小鎮，我常會獨自散步一條小徑、瀏覽小鎮上的特色小店與人家，與店裡有些靦腆、缺少生意味的老闆閒話家常，進行玩美高手日的探索。

我更常透過步行得到復甦，由於我常常需要想出好構想，也有很多機會要限時提案，特別當我還身兼行政職務時，除了業績，也有人事問題要處理，我的工作幾乎就是不停解決問題與創新提案。對我而言，步行不只是運動，而是與自己的對話，也是與包羅萬有的造物主之對話，在對話中，尋找解決問題的答案或是創新企劃的靈感。正如茱莉亞．卡麥隆與艾瑪．萊弗利所說，獨自散步會在我們心裡創造出一片開闊的空間，使自己的洞察力降臨，我的許多好點子都是在走路當中靈光乍現的成果，步行對我而言正是物美價廉的遊戲。

由於拜讀《五十後的精采，來自你的行動與渴望》，我也開始嘗試練習書中建議的晨間隨筆與回憶錄，從這兩項練習，我更能對準自己的焦點，藉由反思，再次獲得更澄明、可以繼續前進的力量。

## 平衡健康、工作、遊戲、相愛

下半場人生設計需要平衡健康、工作、遊戲、彼此相愛四大板塊。我發現我的四個板塊其實是綁在一起、互有關聯的。

我喜歡工作，我的生活中總是充滿著工作、沒有休閒，因此我曾經想過是不是我的生活需要有些改變，該參與一些遊戲，不過，當我嘗試跟大家一起參加休閒旅遊的遊戲時，我卻沒有感覺到重新得力。我回想起孩子還在幼兒園以及小學階段時，每個假日都帶他們出去遊山玩水、爬山看海，多數時候，這樣的行程結束後，我的內心反而感覺到「空」與「累」，我常常感覺到的是疲累、而不是復甦。現在不需要為孩子安排假日活動了，但我發現，也不是每次參加休閒的遊戲後，都感覺身心舒暢，顯然，屬於我的遊戲類型應該不是休閒旅遊。

進入下半場人生，我仍然繼續工作，做我認為有意義、符合自己使命與目標的事情，無論是有酬或是無償的，我都非常認真投入，因此，常常處於心流經驗中，投入工作的結果使我健康。而做自己喜愛的工作做得很投入、並且享受，使生活充滿意義與動力，如此看來，工作不就是我的遊戲了嗎！此外，我的工作剛好都與人有關，不管是在教會中照顧人、在學校裡開設人生設計課程，或是參加其他教學研究工作，我的工作屬性都離不開促進人的幸福、與人的交流，因此，我的工作自然帶出一個愛的板塊，可以說，我的工作、健康、遊戲都是基於愛，也都是彼此相愛的結果。

**註1** 許恬寧（譯）（二〇一六）。做自己的生命設計師：史丹佛最夯的生涯規劃課，用「設計思考」重擬問題，打造全新生命藍圖（原作者：Bill Burnett、Dave Evans）。臺北市：大塊文化。

## 設計你的人生下半場

遊戲不必要花大錢，不必要很「潮」，只要令你感覺心情愉快，有一種重新得力的復甦。你可以透過寫出令你心情愉快的事情，發現適合你的遊戲，以下是我練習後的答案。

我喜歡：

一、在無人之處、風景美好之處散步閱讀、寫作思考。

二、與朋友聚會談心，聽他們訴說生命故事，也分享自己的故事。

三、旅遊時，跟有內涵的旅店主人聊一聊他們的故事，特別是成功奮鬥、克服困難的故事。

四、欣賞音樂或表演等藝術。

五、欣賞動物（狗、貓、雞），觀察牠們的行為與互動。

六、欣賞我超有創意的先生天馬行空的創作。

輪到你了，什麼活動或遊戲，是你去做就感到喜樂呢？請寫下答案。

# 第三章 立穩根基的設計祕訣

魏惠娟

我們如果想要在生活中做出小幅度的改變，可以專注在行為態度的轉變，但是，如果想要達成明顯的大幅度轉化，就需要在基本思維上下功夫。

# 課堂 12

## 要？不要？人生設計的選擇基準

最近讀了一本好書：《百歲的人生戰略》，這一本書的觀點剛好加強了我們所說的：下半場人生必須要及早準備，並且要用設計的觀點來準備。兩位作者林達．葛瑞騰、安德魯．史考特認為，傳統人生只有兒童與成人兩階段，但是面對人生百年的趨勢，我們必須再次實驗人生，要終結念書、工作、退休三階段的老路。也就是不管我們從事什麼行業，中場可以休息也可以轉換。在傳統的人生階段，一個人是誰，是由地位跟角色來決定；但是，長壽人生的時代，後天比先天重要，身分是靠自己打造出來的，不是繼承也不是與生俱來的。

本書的理念也是從這個觀點出發。近兩、三年，坊間相關的論述愈來愈多，不過，多數只有論述下半場人生的重要，但沒有系統且持續地帶大家一起見習並且研修熟齡人生。大概從二〇一二年起，我開始做研究並且實驗性地開設工作坊，透過訪問追蹤學員的資料，我發現四十至五十歲的人，對於這個議題雖有興趣，可是缺乏行動力與續航力。

## 再一次，實驗人生！

第一階段的課程我通常會進行四大板塊的初步設計，接著請學員做九十天的行動規劃，課程結束後，再透過每個月電話追蹤。我發現能持續執行自己人生設計的人大概只有不到20％，主要原因可能是原來的板塊設計內容不一定是他們真正想要的，多數人其實沒有辦法說清楚自己的人生使命；其次，缺乏支持團體也是無法持續的原因。這兩個因素，使他們對於自己的設計藍圖漸行漸遠漸無力，最後又回到原點，實在可惜。

人人都需要高齡教育、學習下半場人生設計，但是每個人進入「可教的時刻」（Teachable Moment）都不同，一個人若不是到了可教的時刻，很難有動機注意後期生涯教育的事情。而是什麼促使我們進入可教的時刻呢？或許是一些事件的觸發，例如：閱讀一本好書、看了一部有內涵的電影、參加一場好的研討、或是聽見一則真人故事等等。如果你正在思考高齡教育議題，你就是已經進入可教的時刻，建議報名參加一些下半場人生設計的課程，最好能夠結伴一起，可以加強動機與持續力，在打造熟齡人生的旅程中，有時候氣餒的原因是缺乏團隊、沒有可以一起往前追夢的社群。

為了強化大家下半場人生設計的執行力，我想再談三個重點。第一，思考你的人生使命，這是下半場人生的選擇基準，也是能不能持續的關鍵；第二，注意隱藏的結構性衝突，這是隱含在我們內心深處的結構限制，可能不小心會在我們開拓未來人生的途中，跳出來阻礙我們的實踐；第三，不僅要釐清使命，更要讓創造性張力取代結構性衝突的影響。

首先，我們來談選擇基準。下半場人生設計是一種思維改變的歷程，只要思維改變就豁然開朗了，而所有的改變，都來自一念之間。我們如果想要在生活中做出小幅度的改變，可以專注在行為態度的轉變，但是，如果想要達成明顯的大幅度轉化，就需要在基本思維上下功夫。從擔心「我能不能」，轉變成「我想不想」，從「真正認識自己」開始，釐清你的人生信念或使命是什麼。過去，我們習慣遵循別人給我們的人生腳本，很少思考人生各階段重大決定的選擇基準是什麼。

## 認識自己，路就開了

我大學念的是國文系，選擇國文系的理由很簡單，記得高中的國文老師有一次在作文評閱上，給我一個對我影響深遠的評語：將來必是文壇上的一顆彗星。今天的我當然不是什麼彗星，但是，當年老師的鼓勵，卻幫助了年少徬徨、沒有信心、不知道自己有什麼專長的我，做出了人生第一個重大選擇。雖然，我現在已經不是中學國文老師了，但是，我也從來沒有後悔，我曾經擔任七年的中學國文老師。

後續在我的人生中，還有很多的選擇，現在想起來，似乎都是一念之間的決定。我的兒子在國中畢業時，跟我表示，他想要出國念書，雖然我心裡遲疑一下，但是，想到過去我總是一直鼓勵他們，若有機會可以出國念書，爸爸媽媽都會支持他們去圓夢，只是，我萬萬沒有想到這個出國留學的時間來得這麼早。決定出國念書後，接著面臨更艱難的決定，就是要去哪間學校讀書，我們過去留學是在美國的明尼蘇達州，因此，本能的第一個念頭就是選擇明尼蘇達州的學校，只是後來我想到在冰天雪地的明尼蘇達州，學校放假時，他只能一個人待在冷冰冰的宿舍，內心的不安感覺油然而生；之後與教會中生命更成熟的姊妹們商量與禱告後，「路」就開了，最後選擇了一間位於洛杉磯充滿愛的小學校，這個學校吸引我的是懸掛在網站上的願景：訓練強壯的性格、鍛鍊拔尖的品質（Strong in Character, High in Standard），雖然都還沒有看見學校的實體，但是這一個願景讓我知道，就是這一間學校了。

打造未來人生的過程中，需要做許多的決定，也需要做某些選擇與取捨，過去，學校或家庭都沒有教我們如何決定，我們的人生腳本大多是沿襲前人的腳本，所以，當我們調查中年後人士對於未來的準備時，得到的答案大多都是：沒有準備、或是不知道如何準備。

上面我分享了我人生中兩次選擇與做決定的經驗，到底是基於什麼呢？我想就是俗稱的靈感或是直覺，但是，單單憑靈感做決定，也是太冒險了！後來當我成為基督徒，也更經歷生命變化後，我逐漸知道，以前我所做的決定，不只是來自「靈感」而已，更是依據「內心的平安」；我確信，雖然我放手了，但我們的主會接管，把孩子交託給更包羅萬有的主來接手，比在我們這微小的父母手中更穩妥。人生設計的選擇與決定還是需要有某種基礎做後盾，例如：信仰、信念、價值觀或是人生使命，特別是下半場人生決定，通常父母已經幫不了我們了，我們也不會再想依循別人的人生腳本，所以，花一點時間釐清自己的人生使命、真正認識自己吧。

人生使命可以說是個人憲法，是一個人行為處事的根本大法，不管環境如何變化或是艱難，人生使命都不為所動。一個人的應變能力，正是取決於他對自我、目標以及價值觀的不變信念。所以，每個人都要練習想一想並寫下來自己的人生使命。

## 設計你的人生下半場

一、回顧你的人生歷程，寫下三個你做過的重大決定。

二、回想做這些決定的準則是什麼、你依據的理由是什麼。請一一寫下來。

三、現在，你可以綜合歸納出你的選擇基準嗎？

# 課堂 13 聆聽內心的聲音

人生上半場，多數人追求工作、績效和薪水；然而生命不只是這些，人生下半場，我們更希望我們在某個人的生命中占有一席之地、更希望做的事情是具有貢獻的，我們想努力愛人、盡全力好好生活，過著有目標、有意義的人生。因此進入下半場人生，仍然需要工作，以及更需要清楚自己的人生使命，也就是存在的意義、目標、價值。也許在人生上半場，我們從來沒有好好想過這些問題，現在是時候了。

回顧以往，在人生上半場，我也還不知道如何訴說我的人生使命，但是，它依然在那裡發揮著某種影響力，引導我的每一個人生選擇，在前面，我把這種影響力描述成靈感或是直覺，然而靈感的背後就是人生使命的支撐，這正是人生設計的根。

## 做出合適的選擇

我大學選擇念師大國文系，後來帶職帶薪繼續讀國文研究所並取得碩士學位，有一次，為了申請國外研究所，需要老師的推薦，因此我回系上找老師，無意間在系辦公室外的布告欄上看見徵人啟事，系上要徵聘一位助教，那時候，我們的人生多是沿襲前人的腳本，而前人腳本告訴我，讀完碩士後，有機會要晉升助教，再循著講師、副教授、教授的階梯一層一層往上爬。

面臨抉擇，我的靈感聲音啟動了，兩個理由使我覺得應徵這個職缺會使內心感到不平安。第一，那時候我結婚了，我跟先生都正準備出國深造，我的信念是，既然成家了，家人就是要在一起；第二，當年帶職帶薪回母校念國文研究所時，就已經感覺自己實在不是文學家的料，更不可能成為高中國文老師溢美的文壇彗星。雖然，失去一個進入大學職場的機會有點可惜，此外，放棄中學國文老師的工作保障，一無所有地遠赴人生地不熟的美國求學，不知道幾年可以學成歸國，也不知道回國之後能不能順利找到工作，但是，我對於跟先生一起飄洋過海留學念書的感覺仍然是對的，因此，我當下決定不申請助教的職缺，我要為下一段的旅程努力。

關於兒子的出國留學，也是因為內心的不平安阻止了我們送他去我們熟悉的明尼蘇達州，反而選擇去了我們原本很不喜歡的洛杉磯。十年過去了，當年照顧孩子的家，也似乎變成了我們在洛杉磯的家，我們的人生與人際關係也因此擴大了。而我對孩子們的教育方式也一直遵循內在的聲音、內心的平安，我幾乎不曾陪在孩子身邊督導他們寫功課，但是，我為他們安排自己專屬的書桌，我訓練他們放學回家第一件事必須是主動做功課，功課完成才可以自由做其他事情；訓練孩子主動的態度，其實比盯著他們做功課加倍費力，但是，他們學成後養成的態度卻終身受用，如果沒有學習好自我管理，孩子出國念書的結果不見得會是我們所期待的。

回顧過去的日子，雖然留學的花費很大，但是，每一個人都要活到老、學到老，每一個人都應該有追求自我實現的信念，因此我願意支持孩子們出國念書的心願。而我記得當年，我跟先生更是兩個人湊了四十五萬就出國了（只夠一個人一年的學費），我的學費還是先生先到美國安頓好後，再把錢匯回來給我，成為我的財力證明，我才能順利完成簽證。

這些經歷，使我從未把對於金錢的追求當成重要的人生目標，由於活在當下、努力不懈，也從來沒有想過錢不夠用怎麼辦，幸運的是，總是在似乎山窮水盡的時刻，柳暗花明，路就開了。我的人生中，還有無數大大小小的決定，包括：買房子、休假、工作晉升、職位挑戰等等，我的選擇基準都是基於人生使命化成的內在聲音。因為凡事都以「內心的平安」為依歸，使我後來的人生選擇變得愈來愈容易。

## 找到人生的使命

下半場人生設計，以人生使命為基礎，以內心平安為核心。「內心的平安」其實也是基於一種覺察力，《做自己的生命設計師》作者比爾．柏內特與戴夫．埃文斯，建議可以透過下列活動來練習培養覺察力，例如：寫日誌、祈禱、冥想，以及綜合性的體能活動等。

史蒂芬．柯維《與成功有約》書中提到的第八個習慣：從成功到卓越，剛好提供一個模式，也可以幫助我們尋找內在的聲音，做出合適的選擇。

第一個層面是「天賦才能」：想想你有哪些能力、特質呢？

第二個層面是「需求」：哪些領域會需要你的能力呢？

第三個層面是「熱情」：別人需要我，而且我又有熱情的事情是什麼？

第四個層面是「良知」：你的良知告訴你該做什麼呢？

四個層面交集的地方，就是內在的聲音，這個模式可以幫助我們找到下半場人生投入貢獻或工作的領域。

根據這個建議，我的練習如下：

一、我的天賦才能是專案管理、企劃、教學、溝通、語言能力、親和力、同理心、耐心、發現他人優點。

二、高齡產業、教育、人力資源、社會企業、非營利組織、跨域整合等事情會需要我的能力。

三、別人需要我，而且我又有熱情的事情是，促進他人透過學習而有正向的改變，創造一個使人生更美好的社會企業。

四、我的良知告訴我應該盡自己之力使他人的人生變得更美好，達成我與他人的雙贏。

## 設計你的人生下半場

一、請練習尋找自己的內在聲音，它告訴你該做些什麼呢？

二、請舉一個你自己的選擇經歷，並跟你的人生使命做比較，符合你的人生使命嗎？

# 課堂 14
# 磨練企劃設計力

人生下半場的設計，比第一階段的人生設計稍微困難一些。步入到中年，變得更實際，也更不容易改變。因為更實際，多數人不再有夢、不敢有夢。因為更不容易改變，使我們低估了自己的創造力，一方面不滿意自己的人生難道只有這樣，另一方面，又不敢脫離舒適圈。

我二〇〇九年訪問美國北卡羅萊納大學艾希維爾分校（University of North Carolina-Asheville）附設的創造性退休中心（North Carolina Center for Creative Retirement，簡稱 NCCCR），這個中心是由該校哲學系教授隆納德．曼海米爾博士（Ronald J. Manheimer）所創設。他們的退休準備教育課程以博雅課程為特色，學習項目包括：藝術和人文、自然世界、公民參與、健康生活和退休規劃、代間共同學習等。中心致力於推動終身學習、領導人才訓練、社區服務和退休趨勢之研究。其中關於退休趨勢的研究正是這個中心的獨特亮點，也是與其他中心最大的不同之處。

## 創造性的退休

他們的退休準備課程的確深具特色。有一個「創造性退休探索週末營」，它是採用行動工作坊的方式，利用週末來舉辦退休教育課程，目的在協助學員透過小組討論學習，能更有信心地規劃退休生活，很多研討問題都深具啟發性，例如：哪一種退休生活型態比較適合我？我準備好搬遷了嗎？什麼樣的社區比較適合我？哪一種房屋類型更符合我現在及未來幾年的需求？我如何找到退休後居住的新故鄉與新社區？我該如何處理我所有的物品？又如「規劃有意義的退休生活」是三天的工作坊，課程實施很注意學員和講師間的高度互動，目標是要激發學員發現自己的價值觀、自我認同以及未完成的夢想，學員根據在工作坊中的學習討論，可以開始規劃屬於自己未來生涯的下一步。他們的退休準備課程設計真是令人耳目一新。

基於創造性退休中心的啟發，本書的目標就是要激勵中年人士以行動來回應對於未來準備的重視，只有透過汰舊（觀念）換新（行動），才可望能開創精采人生下半場。因此，本書在探索樂齡人生、釐清需求後，提供有助於下半場人生立定根基的三個祕訣，包括：人生使命（信念）、內在聲音（靈感），最後是企劃力的訓練。

企劃力訓練的概念更深受《做自己的生命設計師》兩位作者的啟發，比爾．柏內特與戴夫．埃文斯用「設計」來思考並重擬問題，指導學生打造全新生命藍圖。他們建議把人生分成四塊不同的領域，分別是健康、工作、遊戲、愛，從這四個領域，可以使我們在生涯規劃設計時，兼顧不同需求的平衡。

企劃能力包括七個能力：情境分析、需求評估、創新構想、活動設計、行銷設計、方案執行、反思評鑑等。這些不只是方案設計的能力，也是打造下半場人生必要的工具。這個工具概念如圖3：

所謂「情境分析」是分析自己的現況，包括：優點、缺點，以及所處的環境趨勢，類似SWOT分析，其中S表示長處、W表示弱點、O代表外在環境機會、T代表環境帶來的威脅；情境分析的目的是要看見問題，並且用設計來解決問題。所以，情境分析的結果應該要能夠發現自己的不足，發現不足，因此產生需求，進行「需求評估」，而打造下半場人生就是從需求開始。下半場人生設計，特別需要對於人生有「創新構想」，沒有翻轉老觀念，就不能創造新機會。經過情境分析、需求評估、創新構想三個能力的策劃後，下半場人生需要設計的板塊內容輪廓會逐漸明確，

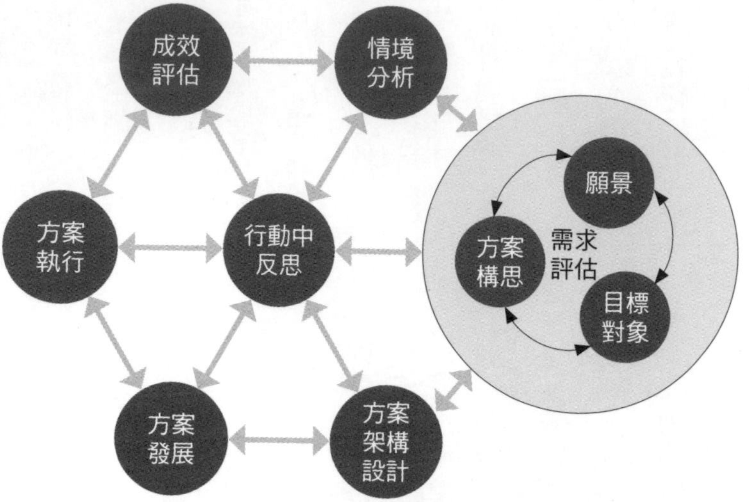


圖 3 ｜打造下半場人生的七個企劃能力

可以開始進行「活動設計」。

接著是「行銷設計」，人生設計為什麼需要行銷呢？一方面透過行銷，加強自己人生設計的信念，以免因為不清楚是不是自己真心想要而停頓，另一方面，中年人士如果要繼續工作，更需要知道「為何而做？」透過行銷概念，學習說清楚自己想要的工作特色、最想奉獻的領域，如果要創業，又更需要發揮行銷能力。透過這些能力的應用，你會規劃出一套人生設計藍圖，就可以開始進行「方案執行」。執行過程中，需要不斷「反思評鑑」，做必要的修正。

## 應用設計思維

我在人生上半場的決定，很多都是透過靈感而來，這麼做其實是有風險的，所以，我的上半場人生累積了不少迂迴繞路的經驗。

我大學畢業想要念研究所，雖然當時已經知道自己對國文沒有熱情，不適合繼續挑戰國學大師或是文壇彗星的夢想，但是又不知道要念哪個領域，所以，還是選擇繼續念熟悉的國文研究所。

當我準備出國念書時，其實也不知道要念什麼，那個時候，由於自己帶職進修碩士學位，念書也已經念得有點累了，再加上實在沒有足夠的學費，很想放棄進修博士學位，頂多再念個碩士就好。甚至在準備申請資料時，都還不知道要申請什麼科系。這時突然想到大學時期，系上教官曾鼓勵我報考教育研究所，當時因為覺得自己沒有教育研究的興趣，而沒有選擇報考，但當年教官的話，卻成為此時我出國深造的靈感。

後來在美國明尼蘇達大學的教育行政與政策研究所完成碩士以及博士學位後，準備申請教職回國服務，再次面臨更難的抉擇，不知道申請哪間學校？不知道什麼科系適合我？不知道哪間學校需要我？後來，由於終身學習、回流教育理念興起，中正大學首創成人及繼續教育研究所，使我有機會進入這個新的研究所服務。

反思上半場人生設計的過程，我對於自己的「內在情境」其實沒有太多的想法，也不知道自己真正要什麼。

我在中正大學開設的課程大多和領導與管理有關，例如：學習型組織、行政與組織概念的應用、婦女教育、方案設計與評鑑等，這些理論對於組織或個人的管理都很有幫助。我是負責講授這些課程的老師，但是，其實我覺得自己不是在「教授」這些理念、而是在「實踐」這些信念。其中影響我工作與思維很大的一本書為彼得．聖吉（Peter M. Senge）的《第五項修練》[1]，學習型組織強調「真正的學習」就是「知」與「行」的合一，一個人「擁抱的信念」與「使用的信念」是一套的。我真心希望我所「教」的就是我所「行」的，這個理念正好是美國成人教育學之父馬爾科姆．諾爾斯（Malcom Knowles）成人教育學的精髓，也是支撐我教學設計的核心。

二十年來，我在閱讀、教學、行動、前瞻與回顧中，探索一條如何打造生涯藍圖之路：應用設計的思維來設計人生。雖然來不及應用在我自己的上半場人生設計，所以走了不少迂迴路，好在當時的環境不如今天劇烈變遷，但現在，我們處於更瞬息萬變的時代，又是百年人生的時代，有效掌握人生設計的理念與方法，才能減少繞路，跨出最難的第一步。

註1

郭進隆、齊若蘭（譯）（二〇一九）。第五項修練：學習型組織的藝術與實務（原作者：Peter M. Senge）。臺北市：天下文化。

## 設計你的人生下半場

一、請應用企劃力，分析一下自己的情境，寫下你面臨的內在情境與外在情境。

二、思考並寫出你目前的「需求／不足」。

三、你想要如何處理你的「需求／不足」？你的生涯點子是什麼？

四、以三年為範圍，寫出你想要完成的生涯項目。

五、以九十天為例，設計出你的生涯行動。

六、為自己的生涯行動先設計一個最適合的行銷金句吧！（例如：十個好朋友，勝過一桶金）

# 課堂15 練習九十天人生設計

最後，綜合前面的學習內容，請大家開始練習做個九十天的行動設計。人生設計容易氣餒的原因，不外乎我們常覺得人生無常，生涯規劃總趕不上變化，夢想似乎遙不可及。彼得．聖吉認為，一般人打造學習型組織容易失敗的因素是被結構性衝突影響，所謂結構性衝突是指隱藏在一個人意識底層一種根深蒂固的成見、一種對自己能力限制的想法。前面各章談到要翻轉老觀念，老觀念也是結構性衝突的原因，接下來我們會再討論如何超越結構性衝突的影響。

## 打造人生，就從現在開始！

方案設計聚焦在兩個重點，一是學習做「系統」的設計，二是要設計「創新」的方案，可以試著用這兩個原則來設計九十天的生涯藍圖。

所謂系統，代表長期的思考，然而千里始於足下，設計卻是要從眼前開始，只要開始了，就會發現很多人事物會在適當的時候出現。比爾．柏內特與戴夫．埃文斯兩位教授強調活著就是不斷在設計生命，他們從幫助許多人生涯設計的經驗，歸結出許多很實際也很振奮人心的理念：

設計生命，從自己是誰開始，提出許多點子，不要一直等，接著試著做做看，做出最佳選擇，在過程中相關的體驗會培養出來你的人格和身分認同，並且會讓各方面開始發展，你會更加成為你自己，這是一個非常有效的成長循環。[1]

他們也舉一個很有趣的例子，說明選擇是不容易的。哥倫比亞大學研究購買決策心理，他們提供六種果醬給顧客選擇，發現有四成的人會停下來看，其中有三分之一（大概是13%）的人會購買；但是，如果研究人員提供二十四種果醬給人們選擇時，有六成的人會停下來，但是，只有3%的人會購買，因為選擇太多，我們的腦筋轉不過來，就無法選擇了。研究結果告訴我們，多數人只能夠在三到五種選項中做有效的選擇，選項太多就等於沒有選項；研究也說，一般人都是在做了決定之後，才會發現自己的偏好，這就是所謂的「披薩——中國菜效應」[2]（Pizza-Chinese Effect）。

根據上述選擇的原理，下半場人生設計，不要想太多、也不要等，先把想到的寫下來，直接設計並且嘗試看看，只有開始打造人生了，設計原型才會出現。

系統也代表著要兼顧，一般人常有一個迷思，就是魚與熊掌不能兼得，但是，彼得·聖吉、史蒂芬·柯維、比爾·柏內特、戴夫·埃文斯等管理與設計大師都持相反的看法，就我個人的經驗，我也認同他們的觀點，一切都是自己的選擇與決定，正如哲學家康德（Immanuel Kant）所說：「我已經選擇了一條路，將要終身實行，我要繼續我的事業，任何事都不能加以阻擋。」

## 你想怎麼過？

九十天設計不妨先從健康、工作、遊戲、愛四個板塊開始。首先，寫下五十歲後，每一個板塊，你最想要做的五件事，最多五個點子（少於五個也沒關係），千萬不要隨便寫一個不是真心想要的點子。

接著，針對每個板塊想要做的事情，以三十天、六十天、九十天為期程，寫下行動策略，也就是你想怎麼做。以我的健康板塊為例，我想要做的一件事情是：將膽固醇控制在期望的數值內；這件事情的行動策略是：注意每天的飲食，盡量減少外食，注意蔬菜、蛋白質、澱粉的比例。我想要做的另一件事情是：規律運動；這件事情的行動策略是：每天早上運動（快走）至少三十分鐘，為了維持充足的睡眠與規律的運動，我需要調整上床睡覺時間。

由於健康板塊的設計，你可能會開始反省自己原有的生活型態，並自然而然開始新的生活型態。例如：我現在每天早上會先安靜地冥想與閱讀，不在乎時間長短，可能有時候一小時、有時候只能半小時，早上的安靜冥想時刻，足以讓我在整天馬不停蹄的行程中依舊能充滿活力；冥想後，再接著運動與吃早餐，並且在九點之前吃完早餐。

根據活躍老化健康生活的前提，以你個人的需要為基礎，依序練習四個板塊最想做的五件事情。如果你還是有點茫然，那麼下面的思考方式，可以幫助你一步一步展開九十天設計：

一、分別寫下你在每一個板塊的問題。例如：健康板塊方面，睡眠不足七小時、飲食缺乏蔬菜類、太常外食等等；工作板塊方面，對於目前的工作沒有動力。設計都是從問題開始的。

二、回顧上面的清單，選擇你最想解決的五個問題。

三、為了解決問題，寫下每個板塊必須要做的五件事情。

四、針對每個問題所對應的每件事情，思考並寫下實際的做法、想要達成的效益。

透過上面的練習，你會發現前面提到的人生使命、信念與價值是非常重要的基礎，它們會影響你在設計行動策略時的選擇。

## 改變習以為常的習慣

設計人生藍圖的練習，是需要花時間的，也需要安靜的時間來進行，為了能實踐真心想要的構想，必須捨棄某些習以為常的行為，為了達成重要目標，我們需要重新學習時間管理，生涯設計雖然不是緊急的事情，卻是重要的事情。我發現，多數人在做這個練習時，「想要做的事情」通常現在都沒有在做，「原本經常在做」的事情卻是花掉最多時間的事情，但那些都不是五年內想要做到的事情。這樣子當然不會達成目標，如果不把時間花在想要做的事情上面，紙上的藍圖永遠不會成為完成的建築。

很多人會說，每天工作滿檔，真的沒有時間處理生涯設計這一件並不緊急的事情。今天我們運用時間的習慣，已經對生活產生了危機，尤其我對於每天回覆即時通訊軟體所花掉的時間特別有感。我已經算是極輕度的行動裝置使用者，我不用臉書，我每天處理完重要事情後，才會查看電子郵件，但是，LINE 仍然有時候會使我無預期地分心，為了回覆原本不是很重要的信息，竟然一小時就過去了，本來打算要處理的事情卻依然毫無進度。

但是，最近我從榜樣學習得到一些使用即時通訊軟體的智慧。現在去中國大陸學術交流，都不是交換名片、而是加微信，某一次，我為了與一位北京大學教授進一步聯繫，自然想到的就是跟他加微信，沒想到他告訴我：「我不用微信！」另外一位我在臺灣的老朋友，他是資訊工程的知名教授，他則跟我分享，他的 LINE 只用在家人之間或是極少數親近的朋友當中，學生要找他一律用 E-mail。

這兩個案例使我豁然開朗，也為自己竟然在這種小事上反而不能追隨內心的聲音而覺得汗顏。顯然活在今天這個透過社交軟體來聯繫溝通的時代，如何在不被排除於社交圈外面的同時，又不會花費太多時間在社交軟體上，實在需要有智慧的原則。如果不正視這個現象，這種模式絕對會剝奪我們許多寶貴時間，當然就沒有時間處理生涯設計的事情了。

完成九十天設計後，你會更加清楚自己在各個板塊的真實需要，接著就可以開始上路了，再邊走邊調整。在實踐夢想的過程中，可以參加相關的課程，透過同儕分享，你會發現自己的生活開始更有方向地忙起來了。

**註1** 許恬寧（譯）（二〇一六）。做自己的生命設計師：史丹佛最夯的生涯規劃課，用「設計思考」重擬問題，打造全新生命藍圖（原作者：Bill Burnett、Dave Evans）。二一八頁。臺北市：大塊文化。

**註2** 好比同事問你午餐想吃什麼？第一時間你回說：「都可以。」等同事說：「那叫披薩來吃好了。」你會立刻反應：「吃中國菜吧！」這是因為披薩是你不想要的，中國菜是此刻的偏好。

## 設計你的人生下半場

一、確定自己最想做的五件事情，必須能兼顧四大板塊的需求。

二、請與重要他人分享你在四大板塊想做的事情，並請她／他也一起練習。

# 第貳部 眞人圖書館

# 第四章
# 主動積極轉換樂齡人生

王　梅

下半場人生是一個全新的嘗試，代表很多新的企劃與構想都可以被實驗或開發出來……。有哪些是你還沒有實現的未竟之志，就先從這裡出發，大概就錯不了！

# 課堂 16
## 追求夢想！或是成為鹹魚？

第三人生是追夢的階段，「做人如果沒有夢想，跟鹹魚有什麼分別？」這是二〇〇一年著名港星周星馳在電影《少林足球》中的一句經典臺詞，成為人生最佳註解。

由嬰兒潮主導的第三軍團，勢必會比傳統上一代要求更多的追夢方法。不過，很抱歉，關於如何追夢這件事，從來就沒有使用說明書，你必須靠著自我摸索、不停試探，再加上一些想像、創意，努力找出一條追夢之路。

「鹹魚」在廣東話的意思是行屍走肉；「夢想」代表一種靈魂深處的熱力，可以讓人產生源源不絕的動力，是讓你每天起床都迫不及待地想去完成的事。一個人如果沒有夢想在內心召喚著你，整日混吃等死，不知道該如何度過從白天到黑夜的時光，就如同一個沒有靈魂的軀體，那就真的跟行屍走肉的鹹魚差不多了。

## 高年級生也能追夢

社會教育學者常會以馬斯洛於一九四三年提出的「需求層次論」來檢視成人的心理發展需求，包括生理、安全和安全感、社會、尊重以及自我實現的五個需求，愈往上發展，需求層次愈高，前面四項需求都能滿足之後，最高層次的需求才能相繼產生。成人發展到了老年期自然也不例外，也是不脫離這五個需求，可惜的是，絕大多數人對於老年的想像或要求，大都只停留在底部的生理與安全，或者至多達到社會層次，更高等的尊重與自我實現總是被忽略。

根據柯佛林博士（Joseph F. Coughlin）領導的麻省理工學院年齡實驗室

（MIT AgeLab）研究發現，一般人在描述職涯結束後的退休生活，若是被詢問「個人退休目標」，大多簡要回答：「有錢吃飯。」嗯，然後呢？「讓身體健康。」嗯，再然後呢？「想休息放鬆一下。」嗯，再接下來呢？「呃呃呃……不知道！」

柯佛林博士指出，很多退休族雖然身處在人生最精采的第三階段，但在前一天晚上睡覺時，往往「不曉得明天太陽升起後有什麼在等著自己，也不曉得自己要做什麼」。換言之，延長的晚年健康歲月仍是一片未知的開闊領域，沒有清楚的指標可以告知你：前方的人生路途該怎麼走？追夢的方向該何去何從？

夢想不是某些人的專屬品，年輕人有夢想，上班族有夢想，販夫走卒有夢想，身染疾病的人也有夢想。我們在這裡談論的是越過中年分水嶺、進入下半場人生的高年級族群的夢想。

近來流行以「高年級」稱呼六十歲以上的高齡族群，源自於二〇一五年叫好又叫座的電影《高年級實習生》（*The Intern*）。由年過七十歲的勞勃・狄尼諾（Robert Anthony De Niro Jr.）飾演的班・惠塔克（Ben Whittaker），從職場退休多年，因老伴已過世，過著獨居生活，他每天早上到公園打太極拳，偶爾和老朋友敘舊，也經常出國旅行，但每次旅行回來都有強烈的失落感，「除了到處遊山玩水，難道人生就這樣了嗎？」直到班・惠塔克決定重返職場，應徵一家網路行銷公司老闆的實習助理，因為他老練的經驗和成熟穩重的工作態度，廣泛得到同事的愛戴與老闆的賞識，也讓他找回自我價值。

我們在成人教育的課堂上，經常有同學拿這部電影當作話題，這是一部很好的正面教材。當實習生或許未必是班・惠塔克的夢想，但是能夠幫助別人，並能發揮影響力，足以讓他產生一股強大的驅動力。

## 下半場人生正是夢想的起跑點

「退休」這兩個字是第二次世界大戰以後才被創造出來，過去的人們幾乎都是一輩子工作到死，壓根兒沒有退休的概念，但當時人類的平均壽命不如現在長壽，一般若是活到五十、六十歲，就算很高齡了。現在的高年級生到了五十、六十歲，大多已漸漸擺脫必須教養小孩、償還貸款的壓力，正要展開第三人生，甚至有不少人年過七十、八十歲，依舊健康良好、耳聰目明，在各種場域表現得非常活躍，而且因為具有豐富的社會經驗與生活歷練，這一階段的人生應該更能好好大展一番身手，為了實現下半場的夢想而衝刺。

但也常常聽到周圍許多走過中年的高年級生感嘆，好像人生並不怎麼費力，怎麼一下子就來到五十、六十歲？你都還很清楚記得三十歲的時候做過哪些事；四十歲的時候去過哪些地方；到了五十歲，卻開始徬徨無著，那些曾經有過的雄心壯志呢？然後就跳進了六十歲，一旦領了退休金，進入七老八十，似乎只能等著人生停擺？

沒錯，我們並未把自己置身事外，包括我自己在內，此時此刻也正身處在這個關口，在撰寫這本書的同時，外在大環境正在經歷一場「退休革命」，由於我們是具有學術專業背景的成人教育工作者，我們可以理直氣壯地大聲說出來：「我們正是這場革命背後的推手！」

在成人教育領域，我們幾乎不說「老人」，而是說「樂齡」，因為一般對「老人」大都帶著一種貶抑的觀感，「樂齡」則是一種中性的用語。但直到今天，很多媒體報導年過五十歲的人，還是免不了將之形容為「半百老翁」或「半百老嫗」，這樣的稱呼頗讓我們這群高年級生很不舒服，這樣的字眼充滿嘲諷、貶損，講白了，就是一種年齡歧視。

過去的人把退休的定義解釋得太狹隘：退休＝什麼事都不做＝等著變成鹹魚。想像一下，滿街都是鹹魚，那幅畫面真是有些可笑的。在今天，我們對於退休或下半場人生的註解：夢想的起跑點。每個人到了這個階段，手中都應該有一張類似電影《一路玩到掛》的夢想清單，英文叫做「The Bucket List」。如果你手上還沒有這張清單，或者不知道該怎樣填滿，請跟著我們走，這本書不只告訴你潮流觀念，也傳授你追夢方法，讓你不會變鹹魚。

# 課堂 17

# 下半場人生的鳴槍已響

真的不想在這裡說教，但有些事還是不得不說：學習改變才是展開下半場人生的起始點。

回想這一路走來，你進入一間新的學校就讀，申請到一家新的公司工作，遷入到一個新的住所，都是要從頭學習適應，甚至被要求必須接受新生訓練或實習，以幫助你盡快上手。那麼，展開一段新的生涯並且是你從來沒有經歷過的下半場人生，當然也需要從頭學習。

抱著船到橋頭自然直這種無所謂的態度走入下半場人生，就像你毫無預習準備、兩手空空地去參加考試，答題的結果往往荒腔走板、連連挫敗。

我們在成人教育的課堂上，經常問學員的一個問題：「在退休之前，你們都曾預先做好準備嗎？」舉手回答「是」的人，通常不會超過20％。換句話說，80％的人都是迷迷糊糊、懵懵懂懂，一頭栽進了退休隊伍。

## 難以預料的轉變

有一名女性高階經理人就是其中一例，她從大學畢業後轉戰好幾家外商公司，在職場一直發展得非常順利，薪水和職務節節高升，最高擔任到董事、總經理的位置，年薪破兩百萬臺幣，她也對此頗為自豪。不料，卻在六十歲那年，這位女性經理人毫無預警地接到公司的「不續聘通知」，改任「有專案才有支薪，沒專案就吃自己」的顧問，公司的解釋理由是人事結構調整，背後真正的原因則是公司縮減人事支出。一夕之變，收入歸零，對她猶如晴天霹靂。

這名女性經理人連忙四處找工作，一心想趕快重回職場，因為車貸、房貸都成了生活的巨大壓力，但很不幸地，適當的工作並無著落，眼看坐吃山空，心裡的驚嚇程度可想而知，為此焦急憂慮、經常失眠。那一年，她的身心都出現極大的狀況，生了一場大病。驚慌失措地熬過兩年後，她賣掉手中的一棟房子，找到一份只有原來四分之一年薪的工作，至少能夠維持生活開銷，情況才逐漸穩定。她事後檢討，承認自己，「以前過得太順利、沒有危機意識是最大的敗筆，總以為到了退休再去規劃人生還來得及。」

大多數的人在年輕的時候會做生涯規劃，卻很少人會替自己的退休生活做規劃。在進入另一個生涯領域之前，絕對需要一段過渡期，而且一定要有前瞻因應的策略，到了退休才想到規劃下半場人生真的是來不及。不只這位女性經理人，很多人都犯了同樣的錯誤，我們在課堂上一再提醒我們的學員：「退休規劃至少要提早五年，最好是十年前就開始預做準備。」

退休需要學習、需要準備，那麼你一定會問：「退休到底需要預做什麼準備呢？」如果是理財專家一定會回答：「要準備足夠的養老退休金。」如果是醫師或健康管理師一定會回答：「儲備健康才是上策。」如果是房地產經紀人一定會說：「找到一個好的退休居住環境。」

以上答案皆對。但除了金錢、健康、居住環境，進入下半場人生還有其他的事項需做準備，至於需要什麼樣的前瞻因應策略，如果你心中沒有腹案，請跟著我們一步一步往前走，慢慢會找出答案，我們在「活躍老化學習需求圖」中（第079頁圖2），共列出了二十七項學習主題，這長長的學習清單絕對足夠讓人一輩子都學不完。

## 你選擇退休還是退場？

二〇〇〇年，當我們率先提出樂齡生涯學習的概念時，曾經遭到不少質疑，「不就是退休嘛，幹嘛需要學習那麼多東西呢？」因為當時的社會觀念普遍認為，「退休就是什麼事都不要做」。然而，成人教育一再重申強調的就是，退休是指從工作職場退出，轉換進入到另一個生涯領域，並不是從你的人生退場。

尤其是，我們最不希望聽到高年級生動輒使用負面的詞句，唱衰自己「不中用了」、「記不住了」、「沒體力了」、「沒動力了」。當我們極力要破除社會對年齡的歧視，但連高年級生都看輕自我價值，又要如何撕除「老而無用」的社會標籤呢？而且心理學研究指出，自我否定是一種不良的習慣，也是一種負面型態的自我預言，最後會讓自己真的成為口中的那種人。

當然，這也不能完全怪高年級生不思圖變，長久以來的社會制約限制了高齡族群的自我發展，社會並未期待高齡者做出貢獻，因為高齡者被歸類為「需要被照顧服務的一群人」，是隱身在退休社區或養護機構的「木頭人」或「植物人」，只要安安靜靜地活著就好。

如果在退休後的二十至三十年，你只想當個木頭人或植物人，那也是你的選擇。但我所認識的大部分高年級生，仍有企圖想要有一番作為，只是不知道從何開始？回想當年，不論你是二十五歲初入職場的新鮮菜鳥，或是三十五歲已累積專業經驗的小主管，還是四十五歲進入生涯高峰的高階經理人，對於「生涯規劃」四個字應該都不陌生，似乎都有一個可以遵循的「一路往上爬」的生涯軌跡。然而，當你進入所謂的人生下半場，應該何去何從？退休生涯也可以設計嗎？有哪些入門管道？

二〇一二年，魏惠娟教授首次開設了「樂齡人生設計」課程，幫助即將或已經進入人生下半場的中高齡族群，展開自我探索、盤點個人資源、重新擬定策略、建立行動方案，找到目標方向之後，面對下半場人生不會再茫然無措，而是可以氣定神閒，繼續往前大步邁開。

「樂齡人生設計」課程推出後，叫好又叫座，大受好評，一直受到廣大中年族群喜愛，迄今維持不墜，學員紛紛反應受惠甚多，從中習得許多新的觀念與做法，其中包括企業經理人、行銷主管、ＩＴ工程師、自由工作者、保險從業人員、新聞從業人員、學校老師、家庭主婦等等，來自各行各業各領域，他們因為面臨個人生涯「卡關」或「轉型」，在魏惠娟教授的循循帶領之下，從課程中不斷地對話、沉澱、反思、盤點，因此得到破繭而出的力量。

人生「卡關」了，就該去學習，釐清頭緒、找出答案，下半場人生是一條漫長的自我探索之路，如果你也正在卡關，不必猶豫，請即刻加入我們！

# 課堂 18

## 自我實現從發現自己開始

找到能讓自己快樂的事，就是美好的開始。這是大家都十分耳熟能詳的道理，展開下半場人生也是如此。

但很多人誤解，以為退休以後就是過著吃喝玩樂的日子，那真是大錯特錯了，吃喝玩樂固然可以帶來快樂，不過這種快樂的「保用期」大多很短暫，一閃即逝。真正讓人快樂的事，通常是一種持續恆久的狀態，可以讓你一而再再而三地反覆投入並且樂此不疲，譬如，寫作、繪畫、攝影、烹飪等，這些偏向於個人的嗜好興趣或是專長，若是再往更深入的層次發展，就是發現自己的潛能，甚至達到馬斯洛強調的「自我實現」。

## 興趣和夢想還在嗎？

人類從來沒有像現在一樣，活得如此長壽，過去也沒有所謂「下半場人生」的議題，因為很多人活不過五十歲，但是現代超過六十歲以上的人比比皆是，若以臺灣男女平均壽命的八十歲來計算，現代人在六十歲退休之後，至少還有二十年可活，假設不好好經營規劃這「多出來的二十年」，而活得像一條鹹魚，那就太浪費上天賜給我們寶貴的生命了！

回想這一路走來的上半場人生，大多數人都是依照社會給予的價值標準而活，包括讀書、考試、就業、結婚、生子、買房、買車……，一步一步往上爬，看起來很有成就，但往往也讓人感到疲累，因為說穿了都是「為別人而活」，希望達到別人眼中的期望，卻沒有好好地思考：這些是不是自己真正的想要？或者這些是不是代表內在真實的我？雖然也有很多人認為，那些成就代表著自己，可是他們仍然隱隱感覺不滿足，卻又說不出個所以然。

「不了解自己想要什麼」的確是個大哉問。進入下半場人生之前的提問或許應該倒過來思考：不是你已經有了什麼？不是你可以做什麼？不是你能做什麼？更不是別人要你做什麼？而是要回頭深入挖掘：你最早期的興趣和夢想是什麼？你有沒有一直跟著興趣和夢想而走？那個興趣和夢想如今依舊存在嗎？你曾經為了達成這些興趣和夢想而付出任何努力嗎？

興趣和夢想是一件很奇妙的東西，它會三不五時地自動跑出來召喚你，尤其當你發現某些人正在從事這些與你興趣、夢想相關的事，你會不自覺地豎起耳朵、睜大眼睛、打開神經雷達系統，仔細搜尋觀察著他們，心中不僅羨慕嫉妒，甚至升起一種「有為者亦若是」的同理心。那就對了，那種感覺就是在指引你：下半場人生該前進的方向。

## 實現人生的深層意義

美國有一個專門協助中高齡生涯轉職的非營利組織：安可職涯，創辦人馬克・費德門在一九九八年創設這個機構，到今天，已在全美設立了三十幾個據點，馬克・費德門更曾被世界論壇經濟組織（World Economic Forum，簡稱 WEF）評為年度社會企業家。馬克・費德門提出的概念非常值得學習，他提倡中高齡者應該要成功地轉換自己的角色，利用下半場活出豐富的生命，並且應該持續有一番作為以貢獻社會。

馬克・費德門剖析，屬於戰後嬰兒潮的這批高年級生，如果退休後只是閒散地待在家裡，這群曾經最有經驗與活力的人口從此在勞動市場上消失，實在是整體社會巨大的損失。高年級生可以形成另一股潛在的人力市場，但他並非主張高年級生回去和年輕的低年級同學搶飯碗，而是高年級生需要自己闖出一番新局面，「這是條顛簸的路，要靠著自己的雙腳走出來，因為沒有什麼前人可指引。」

其實，每個人都渴望追求某種程度的自我實現，可能是當個好母親、好父親，或是完成一場馬拉松賽跑、寫完一本書、獨自到西班牙完成朝聖之旅……，不斷超越自我、挑戰潛能。史丹佛長壽研究中心（**Stanford Center on Longevity**）的勞拉．卡絲藤森博士（**Laura Carstensen**）指出，就算不是所有人都能發揮潛能，就算不是所有人都能做到自我實現，仍然可以透過自我設定的目標來追求人生更深一層的意義，完成最大的成就。

下半場人生是一個全新的嘗試，代表很多新的企劃與構想都可以被實驗或開發出來，但這一切都要從個人出發，沒有一套固定的標準。如果你還是沒有什麼想法，就回到原點把當初的興趣和夢想找出來，有哪些是你還沒有實現的未竟之志，就先從這裡出發，大概就錯不了！

我們也嘗試設計出一些問卷工具（參考本書〈你真心想要的是什麼？〉），協助高年級學員找出個人志趣。無論如何，首要條件一定要先發現自己，因為每個人的擅長和所求不同，個人志趣也大不相同。做為成人教育工作者，我們很欣慰地看到許多高年級生胸懷理想抱負，紛紛展開自我探索之路，不過還是需要提醒一下，可以胸懷壯志，但可不要天真地以為能夠一步到位，這畢竟是一段人生自我摸索期，有的人短則幾個月，有的人可能需要花上好幾年，出發之後還是可以不斷調整方向，沒有人規定你不能改道而行，重要的是，你已經踏出了第一步！

# 課堂 19 退休第一天做什麼？

美國退休人協會曾在官方網頁發表過一篇有趣的文章，標題是：「退休第一天做什麼事？」（What to do on your first day of retirement?）

這篇文章列出了幾點建議，包括：睡到自然醒、到附近咖啡座享受一頓豐富早餐、開始去做一直想做的事、打電話邀請已退休的朋友一起餐敘等等，但文章也特別提醒一點：不要去公園的板凳上發呆。

很多人在退休的第一天心情特別好，「哇，終於解放了、終於自由了，從此不必再看老闆的臉色了！」不過，這種好心情通常只維持了三天、五天、十天，接下來，面對大把空出來的時間，開始感到閒得發慌，每天從早餐等到晚餐，從黑夜熬到天明，益發覺得度日如年。

## 別讓退休成為一場悲劇

《樂在不工作》（《*The Joy of Not Working: A Book for the Retired, Unemployed and Overworked*》[1]）的作者、加拿大退休達人爾尼．柴林斯基透過研究觀察，發現一個明顯的事實，絕大多數人在退休之前，往往都會心神嚮往那種再也不需要辛苦工作的時光，把「擁有大量閒暇時間」當作終極目標。然而，許多人卻也犯了相同的錯誤：還沒有做好準備去面對充裕的休閒時間，就一頭栽了進去！

而且，大多數人都把「退休」這件事情留待未來才去設想規劃，不知道應該要提前計劃，一廂情願認為，「退休不就是到處遊山玩水嘛，等到以後再說」。不過，退休這件事通常比你所預期的提早發生（退休後的時間更增長了許多），一旦真正到了無事一身輕的時候，很多人反而會出現適應障礙。

「這是一種對生活的錯覺，錯把退休當成工作壓力的避難所，」爾尼．柴林斯基一針見血地指出，「即使在財力、體力各方面都有足夠的條件，但如何排遣休閒時光卻變成最大的負擔。」這並非危言聳聽，美國做過統計，男性在退休時期的自殺率比其他任何階段高出四倍。爾尼．柴林斯基做了一個簡單的結論：「無法退休是一個悲劇，但如願以償退休，也可能是一個悲劇。」

一名從外商退休的高階經理人坦承，離開職場以後只高興了兩個星期，從第三個星期開始，每天早上睡醒，一睜開眼睛就困惑地喃喃自問，「我今天到底要幹什麼？」後來，這名退休經理人白天到社區大學選課，也到大學附設的語言中心進修，假日擔任志工，生活圈擴大，交到新朋友，再也沒有喊過日子無聊了。

## 往心的方向前行

奧斯卡金像獎影帝傑克．尼克遜（Jack Nicholson）二〇〇二年主演過一部電影《心的方向》（*About Schmidt*），故事一開始是令人印象深刻的一幕。六十六歲的施密特先生（Warren Schmidt）在退休前夕的最後一天上班日，枯坐在已經打包妥當的辦公室裡，雙眼瞪著牆上的掛鐘倒數計時，當指針卡在下午六點整，施密特先生提起公事包，走出門，正式告別他的工作生涯。

施密特先生開始賦閒在家，整日無所事事，頗感無聊。他每天依舊維持七點起床，陪伴他的是一成不變的填字遊戲和結褵多年的老妻。不料，隔了沒多久，妻子突然無預警心臟病發作猝死，讓他的生活顯得更加冷清孤單。施密特感覺需要找點事情做來改變生活，於是決定贊助慈善機構，認養一名非洲孤兒恩度古（Ndugu），並經常提筆寫信給恩度古。

某天，施密特臨時起意，回到從前上班的場所，主動提議要給他的年輕接班人一些「指導」，卻是換來一桶冷水，年輕人不感激、也不領情。施密特熱臉貼冷屁股，帶著失望的心情獨自駕著休旅車去旅行。他去了曾經生活過的地方，勾起很多回憶，也順道去探望女兒和女婿，發現女兒的婚姻並不幸福，平庸的女婿和不怎麼和睦的家庭氣氛，他雖然對女兒的未來擔憂，但也使不上力，女兒甚至嫌他多管閒事。

一種「強烈不被需要」的失落感深深籠罩在施密特身上。旅途中他不停地寫信給非洲孤兒恩度古，叨叨敘述著無趣的生活和困惑。旅行結束歸返，施密特回到家，意外收到恩度古的回信，信中並附上一幅天真無邪的圖畫「大手牽小手」，大手代表施密特，小手則是恩度古，看著那些真情流露的文字和充滿童真的色彩線條，施密特頓時淚如雨下。電影最後的鏡頭停格在施密特先生臉上的表情：原本的一張苦瓜臉，剎時轉變為開懷笑臉。

施密特先生認真工作了一輩子，卻從未想過不工作的時候要如何好好生活。恩度古讓他重拾人生的價值和意義，當他不求回報地為他人付出，結果得到正面回饋，並且讓他深感被人需要，施密特那顆漂泊游移的心，最後在一名從未謀面的非洲小男孩身上找到停駐點。

臺灣從二〇一六年起，平均每年增加十萬名從職場退休的「施密特先生」，你認為他們都準備好如何面對接下來的人生嗎？很不幸，並沒有，絕大多數人就像施密特一樣，那顆心始終遊蕩漂泊，找不到停駐點。當然，不可能大家都去認養非洲孤兒，但總得找些什麼事情做做，才能「消化」大把空閒的時間。

現年已七十一歲的退休達人柴林斯基，列出了一張清單，建議從事一些較積極的活動，包括寫作、閱讀、運動、跳舞、散步、繪畫、演奏音樂、到社區大學選修課程等等，因為這類活動能讓人四肢與大腦並用，比起看電視、滑手機這種消極活動更令人感到興奮與滿足，也可以維持較佳的身心狀況。

柴林斯基建議，年過五十或六十歲、甚至七十或八十歲，還是應該選擇積極的生活方式，只要不是四肢無法動彈，都不該拿年齡當藉口，不該放棄積極的活動，否則不是歲月催人老、而是歲月催人懶！

你呢？退休第一天要做什麼？心的方向要往哪裡去？如果你喪失了追求積極生活的態度和興致，絕對是因為懶惰造成的！

註1 Ernie John Zelinski（2003），*The Joy of Not Working: A Book for the Retired, Unemployed and Overworked*，California: Ten Speed Press.

# 課堂 20

## 甩開「抓瞎」的第三人生

某天午後，在臺北捷運上巧遇剛退休的J，他曾與我是多年同事，J在退休那一天，公開在臉書宣布，「要展開三趟自行車跨國長征的壯舉」。

我遇到J的這一天，他手推著一輛自行車，全身上下都是很專業的車手配備，頭上戴著騎士安全帽、手上有護腕、膝蓋套著護膝、身上穿著緊身排汗衣褲……。他叨叨地跟我敘述，「一個早上都陪著朋友在外面騎車，已經騎了四十公里，晚上還有重訓課。」

我問他：「你這麼拚命地練習，是想讓自己成為專業的車手嗎？」他沒有正面回答我的問題，口氣振振有詞：「就是要加強鍛鍊啊，不然會沒有肌力啊！」我笑一笑，回敬一句：「你好厲害！」其實，我背後真正的問題是「退休後，你沒有別的事情可以忙，只忙著騎車？」我直覺認為，眼前的J彷彿變成一個「運動控」，每天的生活重心似乎只有「騎車」這件事。

## 你是否也犯了「偏食症」？

這是很多退休族的迷思，退休後有人變成爬山控、旅遊控、卡拉OK控、美食控、泡湯控、股票控、宗教控……，各式各樣的「控」。有興趣嗜好固然很好，有目標夢想也很棒，但除非打算以此為業，必須全神貫注地投入，否則，我比較傾向站在批判的角度看待，像J這樣的退休族，明顯地犯了「偏食症」。

很多退休族因為不清楚這些多出來的時間到底可以做什麼，退休前也沒有真正好好計劃過，好不容易找到還算有興趣的一件事情，就緊緊抓住不放，成了「抓瞎狂」；甚至每天到處呼朋引伴，腦袋裡就只想到做這件事情，弄得周圍的人也很抓狂，這又反映了另一種退休人生，從抓瞎狂演變成「控制狂」！

每個人都需要一個人生羅盤，退休族也不例外。依據《做自己的生命設計師》的作者比爾·柏內特與戴夫·埃文斯分析，人生至少包括四大板塊：工作、健康、遊戲、愛，有這四大板塊才能拼出一個平衡的人生，缺少了任何一塊，人生就不會完整，而形成失衡的人生。「如果心中一開始就有數個點子，就不會過早只選擇一條路，」兩位作者在書中懇切地指出。況且，人生如此有趣、也很豐富，每個人的生命都是多面向的，不應該只有一種或兩種選擇。

我經常跟一些高年級的朋友說，社會普遍對於退休族存有的刻板印象，就是「整天不做事，到處吃喝玩樂」，因而對退休族的評價都不高。退休族感受到社會歧視而忿忿不平，或者乾脆自我貶抑，但這些都無濟於事。退休族若希望受到讚美和肯定，不應該是成為某某控，而是要認真生活、努力學習、照顧弱勢與發揮熱情。

退休族若想要翻轉形象，但每天開口閉口的話題，依然都只是圍繞著這些吃喝玩樂的事情，炫耀去了哪裡哪裡、吃了什麼山珍海味，對社會的貢獻度不夠，也不關心參與公共事務，更沒有生產力，退休族變成「寄生族」，這要讓別人如何看重你的價值呢？

## 退休生活可以豐富又營養

我想起麻省理工學院年齡實驗室創辦人柯佛林博士說的一句話：「高齡者常被當作是一群無所事事的人，新增的壽命所帶來的自由反而令他們惶惶不安、不知道該何去何從。」

柯佛林博士舉出一件真實發生的事情。二〇一四年，他到佛羅里達州參加一個全美退休執行長的年會，這群 CEO 都有相當的能力解決問題，過去也很習慣做很多決策，他們成立了一個社團想一起做點事，但是顯然選項不多。社團裡的這群 CEO，他們退休後打發時間的方法只有一件事，「就是拿著高爾夫球桿到練習場，對著空無一物的前方擊出愚蠢的小白球，『匡！』」柯佛林這麼形容。

柯佛林博士是研究老年行為科學的專家，他不禁感嘆，這些 CEO 可說是一群最自由的人，擁有健康、高學歷、有錢又有閒，哪裡都能去、什麼都能做，但是他們在高爾夫球場上相同的裝扮，包括戴著白色高爾夫球手套、穿著 POLO 衫和卡其褲，再以一致的動作揮桿，「看起來就像是一群複製人！」

還有另一個讓他吃驚的景象，幾乎每一位打高爾夫球的男人背後，都有一個頭戴遮陽帽、坐在草坪躺椅上的老婆，正在用電子閱讀器 Kindle 閱讀；這些太太們看起來也是精明能幹的知識分子，卻只能每天被另一半拖來球場，真是浪費潛能。高爾夫球總有打膩的時候，紅酒、牛排也有不想再碰的時候，即使是這群高齡富有的CEO，也感受到一股社會壓力，不曉得該拿這些退休時間做什麼。

也許不是高齡者缺乏想像力，也不是不想成長，正如柯佛林博士所說，癥結在於「可以做的事情選項太少」。我回想過去與J共事的日子，雖然我們待在不同的部門，但因為接觸的時間和機會頗多，也相當理解他的行事風格，他擔任業務部門主管，是一個典型的工作狂與控制狂，要求部屬十分嚴厲，手底下的同事紛紛對他保持距離、敬而遠之。在職場上，他是「工作控」，退休後，變成「運動控」，他一直在重複扮演控制的角色，生涯發展其實相當窄化。

退休族的日子絕非胡亂抓瞎，更不要偏食。不管是那些有錢有閒的CEO，或是我的老同事J，以他們的聰明才智和能力，絕對可以擴張自己的生活版圖與關心觸角。憑良心說，我並不會羨慕誰誰誰在球場上打出

Birdie，我也不會羨慕某某完成單車跨國遠征的壯舉，我反而會很期待聽到有退休的朋友告訴我，「去非洲難民營服務飢民」、「到收容所照顧流浪動物」、「下鄉協助貧困兒童」……。在我看來，這些是更了不起的事，這樣的退休生活既豐富又有營養，還能發揮貢獻服務，讓第三人生更有價值。

# 第五章
# 發現心流經驗、開創安可職涯

王梅

如果你的退休生活或下半場人生還沒有找到合適的下一件事，也不清楚自己可以做什麼，就請豎起耳朵用心聽、睜大眼睛細心觀察，總是會發現到合適的下一件事，它們無處不在。

# 課堂 21

## 找到合適的下一件事

這個標題很有意思，什麼是「合適的下一件事」？

這是由《五十後的精采，來自你的行動與渴望》作者茱莉亞．卡麥隆提出的主張，她解釋，「下一件事就是在此時此刻有什麼念頭，或看到什麼情景，觸動你想要採取某一個行動，只要讓自己踏出的小小步伐，往往就是啟動下一件事的開端。」

許多中高齡同學在面臨生涯轉換時，難免都會感到困惑。在職場的時候，每天都有清楚的任務，或者老闆交代必須達成的業績目標，總是知道下一件該做的事情。退休以後卻完全不一樣，沒有人下指令「該做什麼」、「不該做什麼」，這些多出來的時間不知道該如何填滿，著實令人發慌。

每當有讀者帶著這個困擾求助於茱莉亞．卡麥隆時，她都會教他們一招：自己在心裡想一件事，想得出來的任何一件事，然後站起身來，立刻去做那件事，只要去做下一件事情就好。這下一件事情不必很複雜，有時很簡單，譬如，鋪床、洗碗、倒垃圾。當你一邊在做這些事的時候，有可能就可以讓你想到下一件事。譬如，某天你在臉書上看到別人張貼到土耳其旅遊帥帥美美的照片，也勾起你的玩興，讓你蠢蠢欲動；譬如，聽到一位朋友最近報名參加一堂十分有趣的烹飪課，而你也正想拜師學習廚藝；譬如，在網路上看到某某語文班招生的公告，而你一直很想回到課堂增進你的語文能力，等等。

## 掃除也可以是合適的下一件事

有兩位高年級同學在臉書公開他們在菜園除草、澆水、施肥的照片，結果引來了一堆朋友按讚叫好，紛紛表示要揪團到菜園裡體驗「一日農夫」。後來，這群按讚叫好的朋友果然換上防水長筒雨靴、套上工作手套、頭戴草編斗笠，在豔陽高照的假日裡，彎腰屈膝在菜園裡工作了一整天，拔草、澆水、施肥，汗水濕透衣衫，心情卻無比愉悅，看著結實的果樹，他們已經開始滿心期待，到了收成季節又有「合適的下一件事」可以讓他們共襄盛舉。

這樣簡單的「一件事」，觸發了這群人心中深藏已久的「田園夢」。原來，很多人心目中都曾經想擁有一畦菜園或一座花園，可以栽種各式喜愛的蔬果花木，最常聽到人們說，退休以後要回家種田，或者搬到郊外鄉下享受田園之樂。然而，當他們委身在都市裡工作，沉重的工作壓力與居住空間的限制，讓他們距離田園夢愈來愈遙遠，當他們發現有一座菜園可以小試身手，內心的呼喚油然而生，猶如久旱逢甘霖，滋潤乾涸的心靈。由於這次小小的「一日農夫」行動，或許成就未來圓夢的敲門磚。

急診醫師郭健中在五十歲前夕轉換人生跑道，決定重新出發，展開自我探索。離職後，解脫原本生活的框架和束縛，固然自由開心，但面對突然多出來的空閒時間和空白的行事曆，到底想要自我探索什麼，其實還是迷迷糊糊。

第一天起床，他先到住家附近打了一趟太極拳，回到家想到的下一件事，居然是立刻拿起掃把，決定當下乾脆來個大掃除，一鼓作氣從一樓打掃到四樓。他形容，掃除完畢突然有一種收復失土的成就感，就好像把心情上堆積已久的垃圾與灰塵一起清掃乾淨，頓時有一股充滿重生的感動。沒想到，老婆在一旁揶揄他：「你平常沒有受到感動，是因為打掃的家事一向都不是你在做啊！」郭醫師笑說：「老婆下的斷語，可真是一針見血，直到跳脫平日習以為常的舒適圈，我才赫然看見身旁辛勞持家的另一半，真是自己非常重要而且值得好好感謝的人。」

接著，郭醫師展開的下一件事，就是花了五天騎自行車環半島，出發前幾乎天天下雨，但他相信一定可以達成，果然出發當天天氣就放晴了。他一邊騎車，一邊享受在大自然中好好地呼吸，用心感受自己的心跳，以及與早市的老伯愉快地交談。

郭醫師得到一個深刻的啟示，進入下半場人生不再需要匆匆忙忙地走馬看花趕路，而是沉浸在當下與自己的真心對話，他引用日本作家佐藤誠《Nosari：迎接綠色假期時代》[1]的一段話：「置身於豐富的綠色山林田野間，藉由與人的相會、交流所度過的一段具療癒能力的時光與體驗。」只要跟著內心真實的感覺走，幸運的青鳥翩然而降，甚至帶來驚喜與感動。

## 沒有時間喊無聊

真的，合適的下一件事並不需要像乘坐太空船登上月球這般偉大，全世界也只有這麼寥寥可數的人曾經上過太空。你的下一件合適的事也許是製作一個手工木桌，也許是編織一件漂亮的毛線衣，或者是翻修你家的陽臺。而且根據經驗，你在做這件事的時候，總是會發現到下一件可以做的事情，接著，下一件事的下一件事也神奇地出現了，它們一件接著一件而來，甚至有時候是好幾件事情同時而來，讓你終日忙得不亦樂乎，根本沒有時間喊無聊。

如果你的退休生活或下半場人生還沒有找到合適的下一件事，也不清楚自己可以做什麼，就請豎起耳朵用心聽、睜大眼睛細心觀察，總是會發現到合適的下一件事，它們無處不在。假設你對任何事都提不起勁，一想到要打發那些無聊的時間就覺得頭大，加拿大退休達人爾尼．柴林斯基毫不客氣地指出，「如果有人讓你覺得厭煩無聊，那一定是你自己。」爾尼．柴林斯基從二十九歲開始就一直處於暫時退休或半退休狀態，並早在一九九〇年出版《樂在不工作》，對於現代人汲汲於工作但愈來愈不快樂的生活模式，率先提出反思，引起非常大的迴響。

近幾年，我們以樂齡教育為主軸開設的各類課程中，出現愈來愈多年過五十、六十歲，甚至七十歲的高年級生，他們在進入下半場人生之後，選擇「合適的下一件事」就是回到校園重新做學生，不管是為了打發多餘的時間或是追求個人成長，因為做了合適的這一件事，讓他們的生命發生改變，我們親眼所見很多這樣激勵人心的故事。

當你開始留意下一件事，就像是裝設了不斷搜尋的雷達天線，常常「下一件事」就會自動出現在你的眼前。此時，最重要的原則：採取行動！千萬不要只是坐在那裡癡等，別呆了，這樣下一件事永遠不會發生。

祝你好運！

註1　黃靜儀（譯）（二〇〇五）。Nosari：迎接綠色假期時代（原作者：佐藤誠）。新北市：中國生產力中心。

# 課堂22

## 一生中最美好的時光

當個人的力量與潛能受到環境的肯定、強化與鼓勵時，個人的生命力會產生最大的適應與成長的可能。

我想說一說關於我自己的故事，我的確是一個名符其實「受到環境激勵並且開始發揮最大潛能」的案例。在我跨越五十歲門檻，邁入當前最夯的名詞「樂齡族」之後，我的人生逐漸開始大轉彎。五十歲以前的我，依照社會價值而活，找一份好工作，努力成為好記者，在工作上力求表現，得到上司老闆的賞識，讓讀者喜歡讀我的文章。我前後在新聞界工作三十多年，待過幾家很知名的大媒體，採訪過無數的受訪者，撰寫過幾百萬字的報導，並且出版了二十本書。以一般社會標準看來，我的職場生涯表現不錯，風風光光。

## 退休之後，重返二十歲

但新聞記者是相當耗損的工作，每當竭力拚寫完長篇報導，我常有一種虛脫的感覺。雖然我熱愛寫作，但沒完沒了的截稿期限猶如一個緊箍咒，箝制自由的心靈。我開始厭惡自己的工作環境，但我依舊杵在原地，心想，待在一個有聲譽的媒體裡，多少還是有些好處，至少擁有一個「辨識度」很高的名片和頭銜；另一方面，我好像也不會做其他的工作，除了「寫字」，我沒有其他的專長。

我從大學時代就半工半讀，大學畢業後一頭栽進新聞工作行列，一直忙碌應付各種生活上、工作上的狀況，久而久之，長期累積的疲累感一陣一陣襲來，我心裡其實一直隱隱有個願望：我能不能停下來，重返校園好好當個學生，我只想讓身心好好休息，專心進修一段時間，我並未想過念碩士，更沒想過要當博士，總覺得那是一條遙不可及的道路，我只是單純地想回到校園，享受學習的樂趣。

二〇一五年是關鍵的一年，當時我已辭去媒體記者工作，移居花蓮，一邊協助蘇達貞教授創辦的蘇帆海洋文化藝術基金會推動全民親海教育，一邊也開始在花蓮空中大學選修一些科目進修。我的第一本教科書《樂齡生涯學習》[1]，厚厚三百多頁，由臺灣樂齡學習之母國立中正大學魏惠娟教授編著撰寫，書中針對退休生涯與中高齡再學習提出很多研究論述及主張。為了應付空大的期中考和期末考，我經常泡在花蓮的圖書館裡，雖然被教科書內的各種理論搞得焦頭爛額，但每日耐心爬梳，竟也漸漸念出了興趣。

我受到《樂齡生涯學習》這本書啟蒙，打算更上一層樓，決定挑戰研究所，當一名「高年級研究生」。五十九歲那年，如願考進國立中正大學成人及繼續教育學系研究所，成教所的研究生來自四面八方，其中不乏像我一樣的高年級生，更加拓展了我的視野，魏惠娟老師並成為我的指導教授，那兩年半的研究所生涯可用如魚得水來形容。

碩士班的第二年，我已打算繼續念博士班，因此，自我督促加快腳步把畢業論文拚完，終於在二〇一九年一月順利拿到碩士學位，趕在春季前取得報考博士班資格的「門票」。二〇一九年一月三十日，從碩士生宿舍搬離的那一天，望著兩旁樹木成蔭與人行道上的大葉欖仁落葉，對這座校園充滿了依依不捨之情，在那個當下，我對著對面的博士班宿舍暗暗立誓：「**I'll be back!**」一如美國電影明星阿諾．史瓦辛格（**Arnold Alois Schwarzenegger**）在一九八四年《魔鬼終結者》（*The Terminator*）電影結尾，豪氣干雲烙下的那句經典臺詞。

四個月後，我如願考上中正大學成人及繼續教育研究所博士班，重返校門。二〇一九年九月九日（諧音「長長久久」），真是個好日子，那一天是我以博士生的身分第一次坐在教室裡，我在隨身攜帶的記事本裡寫下：

「我真的回來了！這真是不可思議的人生！」

## 追求願景，重回校園

當我大多數的碩士班同學還在跟手上的畢業論文纏鬥，我已更上一層樓，進入成教所博士班深造。或許真要感謝阿諾．史瓦辛格三十四年前的激勵，「I'll be back!」這句話成為我的「大力丸」。但真正讓我成長及潛力大爆發的原因，則是中正大學的學習環境，成教所的教授都非常樂意幫助學生，師生之間沒有距離，氣氛和睦，猶如一個大家庭，跟著我的指導教授魏惠娟一起做研究如沐春風，是一件愉快的事。

我常形容，沒有比大學校園更平易近人的場所。幾乎每一座大學校門都是隨時敞開的，不管你是不是學生都歡迎入內，也不管你幾歲都可以成為教室內的學生。而且，一般校園裡的消費物價都比校外便宜，譬如，一份鍋燒烏龍麵市價至少八十至九十元，學生餐廳的鍋燒烏龍麵只要五十至六十元，物美價廉，品質不打折，每當我坐在學生餐廳裡享用餐食水果，一股強烈的幸福感常油然而生。此外，大學生、研究生憑著學生證搭乘高鐵，非尖峰時段還可享有七五折或五折的優惠價，也常讓我感覺自己是「特權分子」。

很多退休的中高齡族群不會談論自己的願景，也不知道如何放手去追求願景，只會唉聲嘆氣唱衰自己「老而無用」。願景要付出行動，而非只是靠想像，願景並不會自動從天上掉下來。我總是力勸他們，不如回到課堂，從學習開始，漸漸就能找出方向和目標。

其實，人生可以倒著走，不必把所有的學習活動都擠壓在上半場，到了下半場，反而變得無事可做。五十、六十歲以後重返校園當高年級學生還真是恰恰好，到了這個年紀，念書的目的不是為了功名或升遷，而是為了真正的興趣，知道到底想要什麼以及為何而戰。

我期許自己，這輩子都要做一名終身學習的實踐者。每當我走在中正大學校園的紫荊大道、坐在圖書館或是湖畔餐廳裡，欣賞著藍天白雲下那一片陽光與綠地，我總是這樣告訴自己：「邁入六十歲以後能夠重返校園，此時此刻，真是我一生中最美好的時光！」

註1　魏惠娟（二〇一五）。樂齡生涯學習。新北市：國立空中大學出版中心。

# 課堂 23

## 美麗老世界

我正在進入一個美麗老世界。

二〇二〇年一月的某天，我在隨身的筆記本裡寫下這句話：「活到六十歲，的確還有很多的可能性，如果你沒有試過，你永遠不會知道自己擁有的潛能。」

我清楚記得，那天是我在博士班第一學期的最後一週上課，接下來就要放寒假，經過四個月馬不停蹄地課業操練，班上同學都有一種筋疲力盡的感覺，終於等到一個可以稍微喘息的空檔假期。

我在學校的住處開始打包收拾，準備迎接第一個寒假，心情覺得格外輕鬆。不過，若是你以為我念書很痛苦，那可就錯了，我從頭到尾沒有後悔做了這個「念博士班」的決定，而是覺得這一學期真是過得痛快淋漓，我甚至想，假設被當掉了，沒有完成學業，也心甘情願。真的，如果不曾試過，你永遠不知道自己的能耐可以到達什麼程度。

## 拋棄過時的老年想像

「嬰兒潮世代帶來新興版本的熟年生活，不依循過時的老年想像，努力開創自己想過的生活」，《銀光經濟》1作者、麻省理工學院年齡實驗室創辦人柯佛林博士研究指出，嬰兒潮世代對於美好晚年的渴望正在起飛，柯佛林並且用「美麗老世界」來形容這個有史以來從未有過的景象。

然而，這個世界似乎尚未準備好迎接嬰兒潮所需的未來，不論是教育制度、退休法規、人力運用、產品設計等各方面，都來不及（或無從）趕上這群嬰兒潮的需求。「當嬰兒潮世代發現老年生活不符自己所需，他們不會默不作聲，」柯佛林形容得很有趣，「他們八成會起身反抗，要求產品或制度設計必須符合他們的需求，而且，這些產品制度必須讓老年的他們感到開心。」

我十分認同柯佛林博士提出的隱形偏見，的確很能反映這個社會對於老年的態度，大多是以負面觀點看待老年。譬如，一般都把高齡者當成是「同質性強的單一族群」，這一群人需要靠別人奉養，大多安安靜靜地待在退休社區或者養護中心，過著與世隔絕的獨居生活。而且，社會普遍把高齡者歸類為被服務的對象，而不是生產者，甚至多數人一廂情願地認為高齡者喜歡如此被對待。

事實也沒有錯，就連高齡族群本身也普遍含有隱形偏見，你可別說你沒有年齡歧視，因為你開口閉口總是說，「退休後就什麼都不必做，老年就是應該享樂人生，無所事事，這是對自己一生辛苦工作後的獎勵。」這就是長久以來對退休高齡族群的普世認知，退休後只管享樂，或者等著別人來服務自己，不必對社會再做貢獻。高齡族群一旦有這樣的心態，當然只會愈來愈被人看輕，認為老而無用、沒有價值。

我想起就在幾個禮拜之前，我到宜蘭大學參加全國社區大學研討會，這些社區大學的工作伙伴竟然不約而同地提出，外界總是把社區大學當作「老人大學」或「才藝補習班」，讓他們很苦惱，因為社區大學最初創辦的兩大宗旨「知識解放」與「公民意識」，並沒有被充分凸顯及發揮。

這裡面正巧反映了隱形偏見，社區大學的學生年齡層偏高是事實，課程設計大多偏向興趣嗜好與手藝實作，不過，社區大學一旦被貼上老人大學的標籤，顯然位階就立即被降格，這是他們很不樂意接受的事。

當然，這牽涉到社區大學課程設計的結構性問題。才藝手作課程一向比較能吸引較多的學員參與，因為可以獲得立即實質的成果。相較之下，公民意識與知識解放課程比較抽象，譬如環境保護、動物保育、性別平等、人權意識等近二十年被關注的諸多公共議題，這些需要社區大學的學員更多的深度對話與熱情參與，也需要具備專業素養的適合教師帶領驅動，因為絕大多數的高齡族群成長於百廢待舉的戰後，每天為了填飽肚皮在工作職場中埋頭打拚，並沒有餘力關心這一塊領域。

## 踏出舒適圈

讓我們回頭再說一說高齡族群面對的未來世界，這的確是當前值得討論、提早準備的夯議題，對於「美麗老世界」還有很多你不知道的想像與作為，我們以有限的方式和經驗去想像以後的老年生活，覺得年紀大了就應該怎麼樣怎麼樣，不應該怎麼樣怎麼樣。然而，高齡族從五十五歲到八十五歲，不同的年齡階段、不同的身心狀況，頭尾相差了三十年，若全部一概而論，就像將一歲的嬰幼兒與三十歲的青年人混為一談，顯得多麼不倫不類。

美國退休人協會曾經與六個銀髮組織合作，深入調查一般人對於老年的心態與價值判斷，結果發現大多數人對於老後生活抱持很高的期待，希望能夠不要靠別人而自給自足，並且能繼續維持活力，建立親密的人際關係。可是，社會上的既定觀念又讓他們擔心，包括身心退化、依賴別人、喪失發展潛能、和數位科技脫鉤，以及與人群疏遠。

我在五十六歲那年，離開累積三十年資歷的記者工作，開始真正進入我的第三人生。但我既不想去跳廣場舞，也不想到公園打太極拳，對於逛街shopping、喝下午茶這些活動更是興趣缺缺，當時，我唯獨想到的是繼續寫作，並且想做些不一樣的事情，試試看自己有沒有其他的本領。後來，我到花蓮協助推廣「不老水手」，辦得轟轟烈烈，接下來發生的事，一件比一件精采，讓我驚喜連連。

高齡族要活得理直氣壯，不必妄自菲薄，不合時宜的觀念需要被打破顛覆，尤其是到了我們這一代，儘管年過五十歲，但很多人都還有滿腔的熱情與行動力。我們不但要改變看待老年的態度，更要勇敢去嘗試，踏出舒適圈，做些不一樣的事，回學校念研究所也好，到太平洋挑戰划獨木舟也好，自己創業也好，認養孤兒也好，照顧流浪動物也好，總要親身試過，才會了解自己的底線和潛能。美麗老世界不是坐在那裡靠一張嘴巴說說或憑空想像就能完成，而是要自己闖出來的。

註1　許恬寧（譯）（二〇一八）。銀光經濟：55個案例，開拓銀髮產業新藍海（原作者：Joseph F. Coughlin）。臺北市：天下文化。

# 課堂 24

## 找到讓自己紓壓的「夜店」

二〇一九年十月二日，星宇航空（STARLUX）舉辦了一場發表會，由董事長張國煒帶著旗下的機組人員登臺亮相，公開展示飛行員、空服員、地勤與維修人員的制服，以及客艙內的座椅設計。從二〇一九年初開始，全臺灣長期受到政治選舉議題的疲勞轟炸，星宇航空的新聞反倒引起各大媒體的興趣，紛紛報導了這則消息，十分吸睛，這場發表會也為即將於二〇二〇年一月正式啟動開航的星宇航空，做了一次成功的暖身造勢活動。

已步入下半場人生的張國煒是長榮集團創辦人張榮發二房的么子，原任職長榮航空董事長，其父親張榮發過世之後，因為家族成員爆發經營權之爭，二〇一六年三月三十一日張國煒被迫交出董座的位置，離開長榮集團。中年失業的張國煒經過三年整裝布局，再度出發上路，由於他熱愛航空事業，決定集資創辦星宇航空。

表面看來，張國煒選擇了和過去同樣的一條路，但是他調整了不同的經營策略。星宇航空將仿效新加坡航空與國泰航空，未來以臺灣為基地，市場觸角則包括整個亞洲，也會拓展至美國及歐洲市場，換句話說，既是延伸，也是轉進。

## 失去工作舞臺之後

以個人生涯發展歷程來看，張國煒在四十六歲那年被迫丟了工作，中年失業無疑是一個很大的危機，驟然失去展現身手的舞臺，找不到人生定位。以古典的生涯轉換觀點「角色理論」分析，當一個人退出他長期的工作行列，或是從活躍的生活中撤出，形同失去了自我，因為原有的工作角色早已經成為個人自我概念的一部分，一旦失去了有意義的角色，個人自尊會受到影響。

張國煒對媒體坦言，剛失業的時候覺得很空虛，找不到著力點，只好每天開著車子一路飆到北海岸四處閒晃，或者早上七點跑到平溪的早市跟當地的阿伯互道早安，但每天都這樣也不是辦法，於是開始想要做些什麼。他的母親曾經建議他轉行賣車，他幾經思考，最後還是決定回到他最熱愛的航空業。

他回想，從小到大，最常做的事情就是看飛機，也曾到美國接受飛行及維修訓練，是全臺灣第一位擁有波音七七七機師及維修專業證照的航空公司董事長，在長榮航空任職期間，也經常出勤擔任客機駕駛工作。他最喜歡在深夜十一點跑到機場，有時是替還在現場工作的員工加油打氣，有時則是突擊檢查飛機是否有臨時狀況，只要飛機排除障礙，能夠順利執行任務，就讓他感到很開心，非常有成就感，「我只要看到飛機就很紓壓，機場就是我的夜店」，不喝酒、不泡夜店的張國煒以此做比喻。

張國煒的故事，讓我想起美國社會學及老年學家羅伯特．雅居禮（Robert C. Atchley），他在一九七〇年代提出的連續理論（Continuity Theory）指出，進入中高齡階段的個人，其人格發展與早期的生活經驗具有連貫性和一致性，其中包括價值觀、態度、習慣等，皆已經整合為個人人格的一部分。撤出原有的角色之後，若還能維持個體內部與外部的連續性，就不至於造成生活上太大的衝擊，連續性的程度可分為「太少」、「適度」、「太多」三種，其中以「適度」的延續為最佳狀態，因為仍然在個人的調適能力和過去的步調之內。

以張國煒的例子來看，他打從內心喜愛航空事業，只要想到飛機和飛行，心裡就充滿愉悅，甚至還可以用來紓壓。其實，每個人在生涯轉換過程，都該找到讓自己紓壓的「夜店」，這個夜店不是到ＫＴＶ夜夜笙歌，或者到酒廊、酒吧狂歡作樂，而是找到自我角色認同的「歸屬」。尤其進入中高齡階段，遲早會面臨退休或離開職場的可能，如果沒有用新的角色替代或延續，無法發展出完整的自我認同，就會發生個人危機。

## 發展斜槓人生

中高齡生涯轉換常被認為是心理社會轉換的過程。諸多心理研究指出，一個人即使到了下半場人生，照樣可以發展出更能激發潛能的新觀點。

我曾經看到一個話題在年輕人的ＰＴＴ網站社群討論得非常熱烈，國內一家電視臺甚至把它做成了一則專題報導：「為何臺灣有錢的老人不肯退休？」這些年輕人七嘴八舌地發表意見，「沒目標太閒的日子很無聊的」、「工作就是他們的人生，退休就會找不到事情做」、「工作就是他的生活」、「年輕時只知道工作，老了什麼都不會」、「因為他們根本沒有經營自己的生活」、「那些勤奮老人家如果沒事做，很快就會去見祖宗」、「人要有個目標，才有精神活下去」、「工作根本不能停，退休會死更快」。

我認為以上答案皆對。整體社會已進入「一百歲人生的時代」，長壽已成為既定的命題，但不論是個人、社群、企業或政府，都尚未找到支持百歲生活形態的方法，過去也很少見到百歲人生的典範，就算是百歲人瑞，很多人也沒想到自己會活得那麼長久。因為沒有前例可循，沒有人能確定未來會發生什麼事，但絕對可以確定的是，未來將會出現很多開路先鋒，尋找新道路、新方法以及更多的可能性。

一如這幾年興起的「斜槓大人」風潮，就是鼓勵大家這輩子不必只做一種工作，而可以多去試探各種可能性，不僅培養第二專長，更可以發展成多職角色的「斜槓人生」，譬如，一人身兼工程師、民宿主人、文案作者，這些工作甚至可以做一輩子。

張國煒在邁入五十歲門檻的前夕，找到自己最適合的角色，願意繼續勇往直前、無怨無悔，並懷有強烈的自我認同感。一般外界總是習慣以「王子復仇記」來形容張國煒創辦星宇航空的心路歷程，但他公開強調，「沒有復仇這件事，那是媒體自己說的，而且，我現在已經不是王子，而是King（國王）了！」

# 課堂 25 自己發明一個工作

退休以後可以做什麼呢？

很多高年級生說，他們想繼續工作，不一定是為了錢，而是認為自己還有工作的能力。根據美國退休人協會的調查指出，有40％的退休人士表示願意繼續工作，30％的受訪者說，一旦有合適的工作開缺，他們會立刻返回職場。

然而，以目前的就業市場來看，適合五十歲以上高齡者的工作的確不多，工作機會相當有限，很多都是不得其門而入。根據美國做的調查，高齡者不缺工作的意願，只缺合適的工作機會，有三分之一的高齡求職者抱怨，由於重返職場的門檻限制太高，常讓他們打退堂鼓，甚至乾脆放棄。

傳統就業市場並未考慮這群願意工作卻找不到工作的高齡者，麻省理工學院年齡實驗室的柯佛林博士形容，各家產業每天都因為退休制度的緣故，失去旗下優秀的資深人員。嚴格來講，他們不應該被稱為退休族，而是應被歸類為失業族。柯佛林博士呼籲，企業若要維持未來的競爭力，勢必要提供中高齡員工願景，讓這群有經驗、有智慧、有能力的銀髮人力資源，可以繼續發揮貢獻並獲得人生意義。

## 自己搭一個舞臺吧！

我們深信，就業市場的年齡天花板，遲早會被掀開。不過，回到現實面，在就業市場還來不及應變，不知道該如何安置這批高年級生的當下之際，我們必須自力救濟，必須自己設法找出路。如果你不想重操舊業，現有的就業型態也都不符合你的需求或興趣，不如就自己發明一個工作吧！

沒錯，你真的可以發明工作。從古到今，人類不斷地發明東西，也不斷地發明工作，很多工作都是無中生有，當市場欠缺某種類型的勞動人力，那個工作就會被創造出來。譬如，為了符合高齡社會需求而被發明的工作，包括居家照顧服務員、高齡體適能運動指導員、樂齡生涯規劃師、樂齡教師等，二十年前這些工作都不存在。

然而，在你發明工作之前要先了解一個前提，一旦進入下半場人生，工作的內涵和目標大多與追求人生意義有關，而且大多從利他的角度出發，這個階段的工作是為了幫助及服務他人而付出努力和貢獻，讓自己得到快樂、滿足與成就感，金錢的報酬反而變成次要目的。

這幾年，我們在推展樂齡運動指導員培訓的時候，觀察到一個明顯的現象，超過80%的培訓學員都不是運動休閒相關科系出身，他們其中有的是醫師、護理師、社工、消防救護人員、退休企業主、公務人員，也有原本已在照顧機構的工作者。他們來接受運動指導員培訓的目的，大多是為了發展個人第二專長，以後在照顧機構或提供居家服務時，可以運用專業知識和技巧去指導高齡者，如何正確運動才不會受傷；也有學員是因為家中有健康欠佳、身體虛弱的長輩，學會高齡運動技巧之後，回家立刻能學以致用，協助長輩運動復健，自己也可以受益。

發明工作並不一定要無中生有，也可以從原本熟悉的領域出發。以我為例：我過去曾是資深的新聞記者，每天跑新聞時幾乎疲於奔命，絞盡腦汁尋找報導素材，久而久之，這種工作型態就變成一種箝制，原本熱愛的採訪寫作，變成周而復始的例行公事，筆下不帶感情的文字是為了應付交差，是為了填滿版面以達到主管要求，每個月領的薪水則是為了支付生活帳單……，到了後來，我甚至有一種「不知為何而戰」的茫然及困惑。

如此度過了很多年，當我進入下半場人生之後，決定改變遊戲規則，離開了原本工作的大型媒體，並且為自己發明了一個新的角色，投身於非營利組織，開始協助社會公共議題倡導，對於工作的定義也完全改觀，

「寫作」不再是我用來謀生的「工具」，而是實現個人理想、貢獻社會的「管道」。我的生活照樣忙碌，但充滿挑戰和意義，每天早上起床很清楚自己的目標和方向，了解未來的使命，也重新找回自我價值。

## 自我價值一直都在！

當然，我絕對不是一步到位，採取行動之前一定要先做規劃，把個人可以承受的風險一一列出來，以及有哪些應變策略。在我離開原先的工作單位之前，也經過一番掙扎，擔心收入不穩定、焦慮失去頭上的光環、害怕別人不願意理我……。但奇妙的是，自從我踏出舒適圈，經過一段適應期之後，各種機會不斷地找上門，我原先憂慮的事情，譬如三餐不濟、居無定所、流浪街頭……統統沒有發生，反而是前方的路愈走愈開闊，時時都有新的想法和點子，源源不絕地冒出來，總讓我迫不及待地想去執行。

急診醫師郭健中的案例也十分經典。郭醫師五十歲出頭，剛跨入下半場人生門檻，原本一直待在大醫院第一線的急診部工作，經常必須日夜顛倒看診，不堪長期工作壓力，健康開始出現警訊。因為不想等到哪天自己也昏倒在急救室才退休，郭醫師決定改變生活型態，他轉調任看診量較少的社區型醫院急診部服務，如此便多出一些私人時間，他利用下班時間自我進修，通過導遊考試取得證照，隨即，他向服務的醫院辭職，參加觀光局開辦的導遊領隊培訓，正式執業當起英語導遊，上山下海增廣了不少見聞，也結識了很多國際友人。

有了這次特殊的經驗，郭醫師又做了一個重大決定，帶著太太與一雙兒女，舉家赴加拿大遊學一年，他自己同時接受運動指導員的密集培訓，順利通過考試取得加拿大與美國專業教練證照。

由於這兩次的跨界學習，郭醫師為自己發明了新的身分，自創一種新的工作型態，身兼醫師、導遊、健身教練、海洋獨木舟教練，搖身變成多功能與多技能的「斜槓中年」。如今，他不但繼續在醫院看診，每週也固定在臺北市陽光活力中心開設銀髮運動課程，偶爾也接受指定委託擔任旅遊團的導遊；除此以外，郭醫師根據臨床診斷經驗，設計了一套「中高齡健走杖運動」，並成立虛擬的「不倒翁健走杖學校」推廣教學，廣受好評。近來，郭健中醫師經常受邀到全臺各地演講，「銀髮健身旅遊」主題成為他的獨門招牌。

從上述案例可以歸納出一個結論：發明工作的訣竅必須打破舊思維，跳脫過去的習慣領域，勇於嘗試，善用創意，重新組合，通常就能八九不離十，找到新的方向與定位。但要記住，你發明的工作一定要符合你的價值觀，才能維持長久，並且樂此不疲。

暢銷書作家茱莉亞·卡麥隆指出，進入下半場人生的高年級生，由於時間較多，人生閱歷也較豐富，有能力主動付出時間與才能，若能以利他為前提發明工作，會使自己成為一種管道，讓那股助人力量透過自身進入這個世界。

有一天，我和郭健中醫師分享彼此走過的歷程，我們都有一個相同的心得結論：一旦運用創造力，自己發明工作，可以每天都過得神采奕奕、精神抖擻，更能展現自我才能。更棒的是，還不必看老闆臉色，自己發明的工作絕對是個人專屬，別人搶不走！

# 第六章

# 啟動的技巧：學習自我管理

——王　梅

一個完整而成功的生命需要四個元素：工作、感情、地方（場所）、人生意義。人生需要好幾回合的重整行囊，就像年終大掃除，雖然不急，卻是要事。

# 課堂 26
## 為什麼「要事」總是脫隊？

「要事第一」，這是管理大師史蒂芬．柯維在《與成功有約》中提出「高效能人士的七個習慣」的第三個習慣，什麼是「要事」？顧名思義，就是「很重要的事」，柯維反覆叮嚀提醒：「把重要的事排在最前面，無關緊要的事放在最後。」

生涯規劃是不是「要事」？大部分的人應該都會點頭同意。不過，我在針對一群高階白領退休預備族進行訪談時，發現超過七成的受訪者都搖頭回說，「對未來生涯沒有規劃。」如果說，退休生涯規劃是要事，為何很少人把它列在優先順序之首呢？

我大致歸納如下原因：

一、時間還早，慢慢再說。
二、不知從何下手，毫無概念。
三、沒有創意，無從想像。
四、退休，就是什麼都不做，幹嘛要規劃。
五、退休，就是什麼都可以做，想做就去做，何必規劃。
六、根本沒有打算退休，繼續幹活，做到做不動為止，不必規劃。

請問，你是屬於以上哪一種？

**管理要事，非管理時間**

你說，每天的行事曆除了生活基本的吃喝拉撒，還有一堆待辦的事項：要完成的工作報告、要開的會議、要拜訪的客戶、要採買的物品、要打掃的房間……，只要醒著，永遠有無止盡的事情把你的行程表和腦袋塞到爆，已經沒有多餘的時間想「要事」。於是，一天又一天，一年又一年，每天就像無頭蒼蠅，忙得到處亂轉，只著眼於眼前的芝麻瑣事，來不及辨識未來的方向，不知不覺走過十餘個寒暑，那個「要事」始終被扔在角落裡，搞不好，你根本忘記它的存在。

「要事第一」的精髓在於「管理重要性，而非管理時間」。其實，「要事」與個人追求的內在價值有直接關係。舉例來說，如果是你在乎的人，你會願意多花時間與他們相處，因為他們才是影響你生命的「重要關係人」，而不是把時間浪費在一些無關緊要的路人甲乙丙丁身上。

四十歲以前的我，也是過著這種「要事脫隊」的生活，日復一日地忙碌，採訪、寫作、開會，經常感到身心俱疲，沒有時間好好坐下來思考要事。有一次，為了尋找寫作素材，無意間讀到一本書《重整行囊》[1]，受到很大的震撼與衝擊，觸發我第一次的中年深度省思，並改變我的中場人生。

這本書的作者是兩位中產白領：理查（Richard J. Leider）與大衛（David A. Shapiro），為了解決正在經歷中年危機的困惑，他們跟著一群伙伴到東非旅行，他們各自揹負了一個塞滿各種物品的背包上路，沿途只能短暫休息。某天走到了一個中途點，他們放下背包，席地而坐，並逐一檢查背包內的物品。這時，坐在一旁負責領路的非洲嚮導開口問了一句話：「你們每天身上帶著這些東西，有讓你們更快樂嗎？」

理查與大衛當下被問傻了，回答不出來。那趟旅程，他們不斷地思索、反省、對話，把自己好好重新整理一番，逐漸悟出了生命的意義，「我們都是走到人生歷程中該清點存貨的階段，反省成就，追溯緣由，回頭檢視已爭取擁有的東西，然後自問『此後要何去何從』，當人生塞滿這麼多東西之後，是否還有足夠的空間可以真正地活著？」

## 重整你的人生行囊吧！

我受到《重整行囊》這本書強烈的啟發，我在那個當下恍然大悟，「重整行囊」正是我的要事。四十一歲那年，我辭掉報社八年的工作，帶著身上僅有的三十萬臺幣現金，其中包括我的學費、房租、生活費等各項支出，隻身跑到美國加州柏克萊大學遊學，在那座校園足足待了五個月，回歸寧靜的學生生活，我恢復為一個很單純的「人」，沒有頭銜和角色，雖然也就此沒有收入，必須精打細算用錢，但內心卻感到前所未有的幸福和暢快，那是我進入職場後從未有過的經驗。

一九九九年初，我帶著口袋內僅剩的一百元美金回到臺灣，而且這一百元美金還是跟朋友借來的，我重新投入職場，進入全臺灣最知名的平面媒體集團工作。表面看來，我似乎又重複了過去的生活模式，但我心裡很清楚，經過這一趟人生放空的洗禮，從此觀看事情的角度已和過去完全不同。那次的重整行囊成為我生命中很重要的分水嶺，後來每當我遇到挫折和情緒低落的時候，就會不自覺地想起那五個月的美好經驗，已然成為一次心靈療癒的救贖。

市面上有數不清的專家或書籍教導如何求職、寫履歷表、投資理財、經營感情、增進人際關係，而且大都把一個人的生命切割成很多分隔的單元，好像只需單獨討論生命中的某一個單元，而不需要理會其他部分。換句話說，每一人都被拆成四分五裂。但生命是一個整體，應該從個人的價值信仰、願景目標來重新思考對自己最重要的事。

一個完整而成功的生命需要四個元素：工作、感情、地方（場所）、人生意義。人生需要好幾回合的重整行囊，就像年終大掃除，雖然不急，卻是要事。兩位作者理查和大衛說得中肯，「如果你覺得過去的生活方式已使你不堪負荷，如果你不想要『未來』的你，是『以前』和『現在』的你，你就需要重整行囊。」

　　而今，重整行囊已成為我的生活要事與日常習慣，每天、每週、每月、每年都會花一些時間自我整理、規劃，才能讓自己隨時保持耳聰目明，不至迷失方向。

**註1** 鄭淑芬（譯）（一九九五）。重整行囊（原作者：Richard J. Leider、David A. Shapiro）。臺北市：知英文化。

# 課堂 27

## 所有偉大的事，都是從日常生活做起

二〇一九年歲末的最後幾週，過得很慌亂，工作結案、經費核銷、學校期末報告……，全部擠在一起，所有的事情幾乎都是趕在最後一刻交件，時間被切割得很零碎，沒有時間好好靜下來思考、閱讀、寫作。博士班一年級上學期就在這樣慌慌張張的情況下，走進尾聲，的確感到消化不良。

「樂齡人生設計」課程期末作業要交出一份三十天的行動計劃，於是，我想到列出一張二〇二〇年一月份的總表，三十一天，列出每天的「四大板塊」各要做些什麼事：工作、遊戲、愛、健康，分配每天不同行動的比例，每天檢討、檢查。其實，這份行動計劃也都是一些日常瑣碎的事，但人生80％的時間不都是在執行這些日常瑣事嗎？所有偉大的構思或行動，也都是從一點一滴的日常生活瑣事累積而成。

## 那些瑣事構成了偉大

我曾經讀過物理學家愛因斯坦（Albert Einstein）的故事，這位偉大的諾貝爾物理獎得主，小時候並未顯現他的天分，曾一度被家人懷疑有語言障礙。愛因斯坦從大學畢業之後，找不到教職，經人介紹到專利局擔任助理鑑定員，他利用公餘時間研究科學和哲學，並且經常和朋友聚會討論，奠定了日後的研究基礎，他也是在日常生活瑣事中發現了「相對論」。一九〇八年，愛因斯坦已十分出名，獲得博士學位，也在伯恩大學任教，但因薪水太少，他還是繼續在專利局工作，直到被蘇黎世大學聘為物理副教授，愛因斯坦才辭去了專利局的工作。

愛因斯坦活到七十六歲過世，一位病理學家托瑪斯．哈維（Thomas

Stoltz Harvey），未得到愛因斯坦家人的同意，私自取下愛因斯坦的大腦保存，托瑪斯．哈維希望未來的神經科學研究家，能夠找出愛因斯坦為什麼那麼聰明的原因。

愛因斯坦一生對於研究孜孜不倦，研究對他來說，充滿遊戲的樂趣，他隨時隨地都在思考與實驗，因為覺得好玩，就不停地玩下去。愛因斯坦的一生驗證了《做自己生命的設計師》提出的論調：你永遠都在玩出自己的無限，努力設計生命，向世界呈現你的美好，因此，你不可能失敗，體驗挫折不代表你的生命失敗，因為你是活在自己設計的生命裡，你只可能不斷地進步，從不同的體驗中學到東西。生活很忙碌、很慌亂的時候，我們不免懷疑：「這些真的是我要的嗎？這是真正內在的我？還是外在的我？」作者回答：「這是一個偽陽性的二分法，因為生命是永遠不可能解決的棘手問題，只需打造通往前方的道路，讓自己愈來愈能好好活著。」

## 做出選擇，就是設計

我也想起某位哲學家說過的一句話，我們一方面渴望成為受人尊敬的雕像，另一方面又告訴自己應該歸隱山林。其實人生不就是這樣，絕大多數的人都是在兩頭拉鋸的交戰中擺盪，希望找到最好的平衡點。然而，另一位偉大的企業經理人奇異公司（General Electric）的傑克・威爾許（John Francis Jack Welch）則直言無諱，根本沒有工作與生活平衡這件事，只有「選擇」，你到底做出什麼樣的「選擇」。而我認為，「選擇」其實就是我們所說的「設計」。

當心思混亂、不知道該如何做出選擇的時候，專注於當下正在做的事務，反而是一帖解方良藥。「有創意、有活力的人，通常是能夠完全埋首於一件事的人，他們專注的程度非常高，甚至失去了時間感，根本不會分心或出現雜念，」退休達人柴林斯基分享他的觀察，「這種人充分享受此時此刻，從不擔心接下來會發生什麼事，真正能活得痛快。」

別為大大小小的事情憂慮，也不要揹著不必要的包袱，更不要一心想要支配全局，因為這些常會讓人覺得力不從心。柴林斯基指出，一般人花太多時間憂慮，不停地擔心這個、擔心那個，常常心不在焉，心裡所想的大多數是「昨天已發生」或是「明天未發生」的事情，但其中有96％都是自己無法控制的事情，而且事後大多煙消雲散，其實我們應該把注意力放在當下要做的事情上，「為我們所不能控制的事而憂慮，根本是白費力氣，那只會剝奪眼前的時光。」

回到《做自己生命的設計師》說的一個重要概念：生命是一個圓形的循環，我們總是在Being（所是）、Doing（所做）、Becoming（成為）之間，不停止地環繞，然後繼續重複Being、Doing、Becoming……，如此無限循環。

用這樣的觀點去看待事情、體驗事情，凡事順勢而為，朝著眼前的方向繼續行進，就能在這場「尋找並參與自身生命設計」的遊戲中，成為真正的贏家，因為我們所做的所有事情，幾乎都是自己「設計」或「選擇」的，而所有偉大的功業和偉大的成就，都是從日常生活瑣事開始的，無一例外。

# 課堂 28

# 遇見二十年後的自己

二〇一九年歲末，我在中正大學就讀博士班的第一個學期，每天埋在各種報告、作業、雜事之中，一路慌慌忙忙不停地追趕進度，包括工作的、課業的、家庭的，每件任務幾乎都是搶在最後一刻完成，即所謂的死線（Deadline），彷彿回到以前新聞採訪工作的忙碌狀態。直到坐在電腦前面，安靜下來寫這篇文章時，才赫然察覺，好一陣子沒有好好地跟自己對話。

不久之前讀到電影明星珍芳達（Jane Fonda）的故事，她已高齡八十二歲，依舊活得神采奕奕、熱力十足。珍芳達是我很喜歡的一位美國資深演員，不僅是她在演藝事業的傑出表現，我更佩服她的勇氣與誠實，她從很年輕的時候即熱衷投身於社會公眾議題，曾參與反對越戰的運動，她也是一位環保主義者，二〇一九年十月，因為與一群環保人士在美國國會山莊聚眾示威抗議氣候變遷，珍芳達被抓進警察局，登上國際新聞版面。

## 想想二十年後的我

看到珍芳達的例子，突然想到自己的二十年後，我大概會是什麼模樣呢？每天還是這樣東忙西忙、對事情興致盎然？還是早已老態龍鍾？還有，我會跟哪些人一起老去呢？等到我進入又老又病的「第四年齡」，會由誰來照顧我呢？

自從開始研讀成人教育後，經常撰寫關於高年級生的各種議題，某方面的確也是在練習「遇見以後的自己」，我必須誠實地自問：「我有沒有做到前瞻因應呢？」魏惠娟教授常說：「念成人教育最後一定是回到自己身上，這才是學以致用。」我開始反思，不管念碩士也好、念博士也罷，其實都不是為別人、而是為自己念，學位只是附帶的學習成果，並非真正的目的。

有一位打算念博士班的朋友問我當初報考博士班的理由，我回答，「因為我想推動翻轉中高齡歧視、中高齡退休準備規劃、中高齡生涯自我探索……，這些是我的願景和目標。」如今回頭檢視，如果我信守對自己的承諾，光是完成這三件事，就足以讓我再忙二十年。二十年後的自己，我想應該還是充滿想法、興致盎然的吧。

有願景和目標，才能更集中專注於未來，不會被眼前的雜亂忙碌打亂方向感。不過，這也提醒我一件事，要完成願景目標必須要有執行策略：充實學術理論是其一，保持運動強身是其二，理財經濟規劃是其三；有了這三樣基本條件，才能幫助自己更順利地繼續走下去。

二〇一二年，我從正規的職場「退役」之後，才發現真正的人生正要開場，精采的篇章都寫在後面。這就好比觀賞一場球賽，不到最後一擊或最後一投，這場比賽都還沒有結束，曾經有過太多的例子，那最後一擊或最後一投的戲劇性轉折，往往成為扭轉整個局勢的關鍵。

我之所以會這樣說，是因為看到或聽到很多中高齡朋友，不過才五十、六十歲，卻認為這一生似乎已成定局，再也沒有什麼扳回的機會，還沒到比賽結束，他們卻提早離開了球場，錯失了真正精采的結局。

不管活到幾歲，都不該這樣看待自己的一生，因為，一旦你恐懼年齡，就會選擇退縮，有很多人活到七十、八十歲的年紀，依舊在努力拚戰、追求成長。

**活出人生驚嘆號！**

二〇一三年，我在花蓮協助蘇帆海洋文化藝術基金會推動不老水手親海活動，很多來自四面八方的中高齡學員，不管幾歲、不論男女，他們一律換上防寒衣與救生衣，即使不會游泳，仍毫不退縮地執起船槳，一路把獨木舟從花蓮溪划進太平洋；二〇一七年六月，九位不老水手與五位青年水手，甚至同心協力又把一艘自製竹筏從臺灣花蓮港一路划到日本沖繩的與那國島。這幾次事件都登上了新聞媒體，成為臺灣和沖繩地方報紙的頭條，不老水手屢屢締造出歷史性紀錄。

七十四歲的林槐生曾在中國大陸經商多年，退休後回到臺灣，覺得人生不該就此停擺，便想進入某些機構擔任志工，寄了好幾封履歷表出去，卻都被人認為年紀太大而吃了閉門羹。林槐生從二〇一四年開始參加不老水手活動，因為他樂於助人又熱心公益，十分受到大家的愛戴，被推舉擔任不老水手聯誼會會長，成為蘇帆海洋文化藝術基金會的終身志工，他常說：「每一位高齡族都要創造自己的價值，很高興我找到了。」

另一位不老水手，八十歲的張信一，退休前是位專業藥師，自己開設藥局，退休後常參與社區老人會的活動，但總覺得天天唱卡拉OK、喝酒、下棋，生活很沒有意義。有天，張信一無意間看到老人會張貼的不老水手活動海報，毫不猶豫決定報名參加。我記得當時接到他的詢問電話，似乎很擔心自己年紀大而不被錄取，我一再跟他保證：「張大哥，請放心，我們最歡迎年紀大的朋友來參加海洋活動，一定會替你保留名額。」結果，張信一真的到了花蓮划獨木舟，而且年年都來，蘇帆海洋基金會所有大小活動幾乎都有他的身影，包括二〇一七年以竹筏挑戰日本沖繩與那國島，他也是重要成員之一。後來，我們都心存感佩地稱呼他為「一哥」，代表他在不老水手中「排名第一」。

我從這些不老水手身上，看到太多精采的故事不斷地發生，這批高年級同學展現出極大的活力、熱情、創意，愈活愈有勁，頻頻為自己的後期人生加分，並已集結成一個非常具有指標性的高年級團體。我猜，連他們自己都沒有料想到，二十年後居然可以連連為自己畫下人生的驚嘆號！

# 課堂 29
# 生涯標竿人物就是「自己」

學期末，為了撰寫樂齡生涯標竿人物，訪談了幾位精采的典範人物（Role-model），也得到很多的啟發和學習。我不禁努力回想，從小到大，隨著年紀一路增長，個人志願一直在改變，而我心目中的 Role-model 也已經改了好幾遍，從以前到現在經歷過不同的人生階段，那些「羨慕那個人」或者「想成為那個人」的念頭意願，也開始有了不同的定義和註解。

求學時代，最羨慕那些功課很好、學業及才藝表現頂尖的同學，為什麼他們總是比我聰明、比我優秀，可以考上第一志願或前三志願，甚至出國留學，而我卻是普普通通，成績雖然不算差，但距離那些走在前面的標竿同學，總覺得自慚形穢，離他們好遠好遠。

## 誰是你想成為的那個人

大學畢業進入社會工作之後，我又開始羨慕那些總是能找到金飯碗、領高薪的朋友，他們或者在大媒體或者知名電視臺工作，在我眼裡，我羨慕他們如此傑出，處處受到重視，而我只不過是一個在小單位工作不怎麼起眼的小記者。

後來，我努力向上攀爬，企圖用更好的表現證明自己，爭取到更大的媒體機構工作。我終於如願以償，也逐漸累積了一些小小知名度，寫了很多書，名字在報紙上幾乎每天曝光，成為別人眼中的「知名記者」或「作家」，但我其實很心虛，因為永遠有人比我更傑出、更亮眼，他們或者曾經贏得大大小小的獎項、或者曾經搶到獨家報導，頭頂上有很多光環圍繞，而我只是像個「公務員記者」，盡本分地繼續認真埋首於每日的工作。

很多年以後，我們進入人生的下半場，昔日那些頭上有光環的工作伙伴，那些曾經被我視為 Role-model 的標竿人物，紛紛走下燦爛炫麗的舞臺，我才漸漸看懂、也明白一些事。原來，我羨慕的那些成功人士的背後，很多人都隱藏著自我懷疑與不安全感，他們看起來外表胸有成竹，但心裡其實惶惶不安，輝煌的戰績只不過是一時的幸運或是遇上了好時機，害怕有天醒來這些好運都會不見，誰知道燦爛能維持多久，只能走一步算一步。

我以為很厲害的那些人物，在下半場人生開始出現不適應症狀。對他們而言，為了要一直維持別人眼中人生勝利組的外在形象，所以必須有所犧牲或偽裝，但他們常常擔心眼前的成功不算數，只不過是虛張聲勢，總有一天會被人拆穿、被人看清自己其實是個「冒牌貨」。倫敦臨床心理學博士潔薩米·希伯德（Jessamy Hibberd）寫過一本《冒牌者症候群》[1]，很貼切地描述了這種心態，70%的人都曾經恐懼被他人高估，害怕總有一天被別人看透而感到焦慮，他們愈努力、卻愈不安，而且是一種「過勞循環」。

有位我熟識的朋友，一直被我認為是「檯面上的風光人物」，當年念的

的男性學員，過去在ＩＴ科技產業擔任工程師，位居要職、坐領高薪，人人稱羨。但他卻感到惶惶不安，認為那個工作絕對不可久留。因為步入中年以後，他突然有一個很深的醒悟：即使賺得上億，卻沒有時間好好生活。

後來，這位ＩＴ工程師換了一個截然不同的生涯領域，轉行到壽險業，一切打掉重練、從頭開始。起初他很擔心適應不良，沒想到從此開啟了一段痛快人生，他有時間玩攝影、出國自助旅行、授課演講……，做了很多過去從未做過的事情。這位中年男性學員得出一個結論：人生應該用最短的時間賺錢，用最長的時間好好生活，做自己喜歡的事。

真心恭喜他，找回自己！

註1　陳松筠（譯）（二〇一九）。冒牌者症候群：面對肯定、讚賞與幸福，為什麼總是覺得「我不配」？（原作者：Jessamy Hibberd）。臺北市：商周出版。

# 課堂 30

## 活出三種人生

什麼是奧德賽計劃（Odyssey Plan）？當我第一次看到奧德賽計劃這個名詞，完全一頭霧水。這是《做自己的生命設計師》兩位作者比爾·柏內特、戴夫·埃文斯提出的未來五年生涯計劃，並且這個生涯計劃要包含三種不同版本的生活。

奧德賽計劃的概念，來自於荷馬史詩人物奧德修斯（Odysseus）的故事，他參與最著名的戰役就是廣為人知的特洛伊戰爭，奧德修斯歷經十年艱辛漫長的遠征，最後終於平安返回家鄉。比爾·柏內特與戴夫·埃文斯把他們的構想取名為「奧德賽計劃」，正因為他們認為，生命是一場未知的冒險，彷若當年的奧德修斯，懷抱著希望與目標踏上旅程，展開一場追尋之旅。

至於為什麼是五年的生涯計劃？因為七年太長，容易有變數，兩年又太短，想得不夠深遠。根據兩位作者過去協助一千多位學員的經驗，大多數人的生涯都是由兩到四年一個階段串起來的，每隔兩到四年生活就會發生一些變化，譬如畢業、就業、轉職、跳槽、結婚、生子……，而五年是一個恰恰好的長度，它包含一個完整的四年期，還多出一年的緩衝期，可以用來檢視、修正或調整計劃。

## 生命就是一場未知的冒險

我直覺也認為，五年是一個神奇的魔術數字，是從一個生涯轉換到另一個生涯最適合的長度，這讓我想到美國教育心理學家哈維赫斯特（R. J. Havighurst）提出的生涯發展理論：一個成功的生涯轉換，至少需要五到七年的時間。

不過，我從來沒想過可以活出三種不同版本的人生，我一直以為自己只有一種人生。三十歲的時候，我曾經信誓旦旦地表示，自己會做一輩子的新聞工作；但二〇一五年出現奇妙的轉機，我移居花蓮，開啟一段莫名其妙的海洋冒險教育之旅；到了二〇二〇年，正好屆滿五年，我的生涯再次出現意想不到的變動，我搬離花蓮，因為我的奧德賽戰場已經轉換到嘉義，開始進入下一個五年的生涯旅程。

不要說十年前，即使在五年前，我也絕對無法想像我會成為國立大學的博士生，這不是我「設計」出來的，我只是朝著心中羅盤隱約地指引，一步一步走到這個階段，從來沒有人當面教導我或告訴我應該這麼做，反而大都是勸阻我的聲音，「幹嘛那麼累？何必自找苦吃？」但這個歷程完全符合我的人生觀與價值觀：自我超越，終身學習。如果能夠早一點知道會踏上這條路呢？也許很不錯，可以少走一些冤枉路，少花一些時間摸索，不過，幸好我一直很誠實地面對自己「內在的聲音」，並且很努力地找方法實踐它，所以大方向一直很正確，雖然繞了一些遠路，但至少沒有走錯路。

## 檢視你的三種人生

我在課堂上學到的奧德賽計劃教會了我一件事：生涯發展不是直線型的垂直思考模式，而是橫向型的擴張思考模式。它迫使我們打開過去的習慣領域，替自己設計未來五年可行的三種不同版本的生涯，並且，奧德賽計劃還訂定出操作的SOP，每一種版本都要包括五個元素：

一、一條視覺（圖示）時間軸。

二、替每一個計劃命名。

三、寫下那個計劃要解決的問題、要測試的能耐、要探索的事情。

四、自我評估，包括客觀資源、喜歡程度、自信程度、一致性（和自己的工作觀與人生觀是否協調）。

五、可能的考量，包括執行地點、獲得的經驗、為人生帶來的影響、其他該留心的關鍵人事物。

以下是我的奧德賽計劃，以及我寫出的未來五年三種人生角色：

一、成為魏惠娟教授「人生一百準備學校」的團隊成員之一。

二、自行創業，擔任「高年級探索學苑」執行長。

三、成立「臺灣退休人協會」（Taiwan Associate of Retired People，TARP）非營利組織，帶領中高齡族群從事公共議題倡議。

檢視這三種角色，其實都圍繞一個核心主軸，我的服務對象都是中高齡族群（當然包括我自己在內），這也是我當初踏入成人教育領域最重要的理由。

其實，我原本還有第四種角色，但我把它剔除了。二十年前，我曾想成為一名旅行作家，可以長期旅居國外，到處遊走世界，並以寫作為業。那時候的我，一心只想逃離辦公室，以為那是一個既浪漫又美好的計劃。現在回頭看，才發現自己並不喜歡四處飄蕩的生活，那只是我一廂情願的想像。

史丹佛長壽研究中心的研究人員勞拉．卡絲藤森曾提出社會情緒選擇理論：年紀大會使人缺乏走出去的意願與動力，無法在廣大的世界一展身手。勞拉．卡絲藤森是知名的老年心理學家，她進一步解釋為什麼許多高齡者會隨著年齡愈大活動範圍與社交網絡會愈縮小，並且不再去做自認為沒有意義的活動，因為大多數高齡者認為前方不一定有長遠的未來，他們把抱負縮小到自己有能力達成的事，不會冒險踏上發現之旅，他們只把注意力集中在日常生活的小樂趣以及眼前的事物。

當然，沒有人規定高齡者一定要胸懷遠大的目標和理想，但也有許多年長者認為光是著重眼前的小確幸無法滿足他們的心理需求，他們想要追求需求層次論中更高階的東西，包括成就、創意、貢獻服務、自我實現等，這些可以讓他們通往更有意義與幸福的人生道路。

這也是我經常回答一些中高齡朋友們的疑問，他們總是認為我做了太多超越年齡該做的事情，他們認為，我不應該把自己搞得很忙、很累。但是，我從沒有抱怨，而是熱情洋溢、樂此不疲。我依舊保持高度的好奇心，利用奧德賽計劃試探各種未來的可能性，我也深信每個人都能利用奧德賽計劃，挖掘出未來等著自己去圓的夢，第三人生的確具有太多的可能性、有太多好玩的事情。You never know!

# 結語

# 持續的祕訣

魏惠娟

這一本書從理論到實踐、宏觀到微觀，有練習設計加上個人經歷，讀者應該可以順利完成九十天生涯藍圖設計。過去的經驗發現，能夠持續實踐生涯藍圖的人不多，因此，在本書最後，要提醒大家，當你打算自我超越時，可能不時會跳出來一個干擾你的聲音，這一個可能的阻礙叫做：結構性衝突。結構性衝突是來自於內心的信念，例如：無力感、不夠格、做不到、不可能，這種根本的信念是從一個人早年就開始發展起來的，唯有有意識地刻意練習「自我超越」，才有辦法突破此阻礙。

下半場人生設計，是與傳統典範不同的思維。當你在努力執行人生藍圖時，你的朋友可能正在盡情享受退休生活，相較之下，有時候會出現一種「要退休了，幹嘛這麼累！」的結構性衝突，也就是一種「限制自己創造力的矛盾」。在打造新的人生時，需要不斷釐清什麼是對我最重要的，這要靠反思習慣的養成，而反思能力通常是在個人獨處的時候訓練出來的。

## 想像目標，聚焦練習

彼得．聖吉建議我們，對付這種阻礙的關鍵是，學習「誠實面對真相」，也就是你要一次又一次地與隱藏在內心深處的假設挑戰，學習看清楚造成問題的結構，例如：你不是沒有時間規劃，而是你沒有把時間放在這一件事情上，這才是真相。此外，還要能夠「心靈轉換」，不只是看清問題更要學習專注於心中真正想要的結果，彼得．聖吉認為這是一種技能，因為，多數人一想到某一項心中重要的目標，幾乎馬上想到的是這項目標難以達成的各種可能理由與障礙，如果在追求目標的過程中，我們只專注於障礙與困難，目標只可能離我們愈來愈遠。克服結構性衝突的干擾，除了誠實面對真相、心靈轉換以外，也要學習「不斷對準焦點」，我們可以透過「當目標達成時，會帶給我什麼？」的想像，來練習不斷對準焦點，想像目標達成後的美好，會使我們願意投資時間與精力來做真正想要做的事情。

關於這一點，我再分享一個經歷。我家裡有一座千坪的花園農莊：香草山樂齡休閒農場，打造一個莊園，提供大家來交流，獲得身心滿足，這是我先生的夢想。他從很年輕的時候就開始有這個構想，而我偏偏是個很實際的人，我覺得以我們的財力、能力、經驗，這個夢想是不可能實現的，我也從來不把他的夢想當一回事。記得我們回臺灣教書三年後，在附近社區買了一棟房子，那時候，我問先生對於家裡的設計有沒有什麼想法，他告訴我：「這個不是我想要的，我想要自己蓋農莊。」我當時心裡嘀咕：「我們這輩子能買得起這一棟房子就不錯了，哪有什麼本事蓋農莊，別想太多了。」沒想到十五年後，他的夢想真的實現了。當然，在打造的過程中，經歷了許多錯誤、失敗、拆毀、重建，以及我不時地「抱怨」或是「潑冷水」。直到有一天，我的同事告訴我，我們的農莊上報了，我才知道，他真的蓋了一座別具風味的「風車樓」。雖然他自己的工作也不輕鬆，但是，他卻總是能牢記想要達成的目標，並且在百般困難的情境下，一步一步克服困難、實現夢想。

## 打造一座屬於你的農莊

他的築夢之旅，成為我論述生涯設計的重要案例。他所設計的藍圖與持續認真圓夢的行動，正符合我們提出的設計下半場人生的步驟：認識高齡社會，清楚心中想要活出不一樣的老後生活，了解自己的需求，釐清上層目標，透過打造原型，一步一步慢慢地向前走。

不少朋友都稱讚我「很扶持他」，但是其實是到最近五年，我才開始觀念改變、才開始支持他。為什麼我會有如此的「典範轉移」呢？記得有一次，我的媽媽告訴我，父親退休後賣了彰化老家房子遠赴臺北，但是他其實不適應臺北生活，曾經表示要回鄉下種田，只是我的媽媽反對，他因此打消了那個念頭，從此住在臺北，變成一個不快樂的居民。可能是這個故事，讓我體悟到每個人都有夢想，家人之間應該要彼此扶持，讓每個人的夢想都有機會可以實現。

一旦開始了，很多更具體的構想、人事物就會接連出現。現在由於香草山樂齡休閒農場，我們結交了許多志同道合的朋友，無形中好像形成一個有多元豐富經驗的團隊，團隊中有木工設計、草坪保養、藝術畫作、運動指導等各種專長背景的人，當然還包括人生設計，我都能找到可以一同效力的夥伴，這些收穫並不是我一開始在設計人生藍圖時所能想到的。我深信只要是有益處的事情、有意義的設計，當我們開始行動，所需要的資源都會在適當的時候出現。生涯設計要能堅定持續不氣餒，祕訣在於加入一個認真又有趣的團隊，定期分享充電，才能走得遠，我們邀請你現在就加入我們的團隊！

# 參考資料


- Ernie John Zelinski (2003). *The Joy of Not Working: A Book for the Retired, Unemployed and Overworked.* California: Ten Speed Press.

---

- 王敏雯（譯）（二〇一八）。幸福老年的祕密：哈佛大學格蘭特終生研究（原作者：George E. Vaillant）。臺北市：張老師文化。（原著出版年：二〇一五）
- 行政院衛生署（一九九七年四月）。戰勝肥胖：減重指導手冊。
- 呂文江、田嵩燕（譯）（二〇一〇）。甘地的真理：好戰的非暴力起源（原作者：Erik H. Erikson）。北京：中央編譯出版社。（原著出版年：一九六九）
- 范瑋倫（譯）（二〇一四）。安可職涯：40到70，熟齡世代打造最熱血的工作指南（原作者：Marci Alboher）。新北市：好人出版。（原著出版年：二〇一二）

■ 高丹妮、李妮（譯）（二〇一八）。童年與社會（原作者：Erik H. Erikson）。北京：世界圖書出版公司北京公司。（原著出版年：一九五〇）

■ 康綠島（譯）（二〇一七）。青年路德：一個精神分析與歷史的研究（原作者：Erik H. Erikson）。臺北市：心靈工坊。（原著出版年：一九九三）

■ 張芳玲（二〇一九）。第三人生自己設計。臺北市：太雅出版社。

■ 許恬寧（譯）（二〇一六）。做自己的生命設計師：史丹佛最夯的生涯規劃課，用「設計思考」重擬問題，打造全新生命藍圖（原作者：Bill Burnett、Dave Evans）。臺北市：大塊文化。（原著出版年：二〇一六）

■ 許恬寧（譯）（二〇一七）。百歲的人生戰略（原作者：Lynda Gratton、Andrew Scott）。臺北市：商業周刊。（原著出版年：二〇一七）

■ 許恬寧（譯）（二〇一八）。銀光經濟：55個案例，開拓銀髮產業新藍海（原作者：Joseph F. Coughlin）。臺北市：天下文化。（原著出版年：二〇一七）

■ 郭進隆、齊若蘭（譯）（二〇一九）。第五項修練：學習型組織的藝術與實務（原作者：Peter M. Senge）。臺北市：天下文化。（原著出版年：一九九〇）

■陳文怡（譯）（二〇一八）。五十後的精采，來自你的行動與渴望：啟動創造力12堂課X安頓身心68個練習（原作者：Julia Cameron、Emma Lively）。臺北市：大好書屋。（原著出版年：二〇一六）

■陳松筠（譯）（二〇一九）。冒牌者症候群：面對肯定、讚賞與幸福，為什麼總是覺得「我不配」？（原作者：Jessamy Hibberd）。臺北市：商周出版。（原著出版年：二〇一九）

■黃靜儀（譯）（二〇〇五）。Nosari：迎接綠色假期時代（原作者：佐藤誠）。新北市：中國生產力中心。（原著出版年：二〇〇二）

■鄭淑芬（譯）（一九九五）。重整行囊（原作者：Richard J. Leider、David A. Shapiro）。臺北市：知英文化。（原著出版年：一九九五）

■魏惠娟（二〇〇七）。推動老人教育實務國際論壇。教育部委託辦理計劃（編號：P09601-200000），未出版。

■魏惠娟（二〇一五）。樂齡生涯學習。新北市：國立空中大學出版中心。

■譚家瑜（譯）（二〇〇五）。幸福退休新年代：理財顧問不會告訴你的退休智慧（原作者：Ernie John Zelinski）。臺北市：遠流。
■ 顧淑馨（譯）（二〇一七）。與成功有約：高效能人士的七個習慣（原作者：Stephen R. Covey）。臺北市：天下文化。（原著出版年：二〇一三）

---

■ 全國法規資料庫。老人福利法。https://law.moj.gov.tw/LawClass/LawAll.aspx?pcode=D0050037。
■ 教育部樂齡網。https://moe.senioredu.moe.gov.tw/。
■ 衛生福利部國民健康署健康九九網站。https://health99.hpa.gov.tw/Default.aspx。

大齡人生12

# 樂齡的幸福課：設計你的下半場人生

作　　者　魏惠娟、王梅
策　　劃　好室書品
特約編輯　陳靜惠、傅安沛
校對協力　簡語謙
封面設計　吳靖玟
內頁排版　洪志杰

發 行 人　程顯灝
總 編 輯　呂增娣
編　　輯　吳雅芳、簡語謙
　　　　　洪瑋其、藍匀廷
美術主編　劉錦堂
美術編輯　吳靖玟、劉庭安
行銷總監　呂增慧
資深行銷　吳孟蓉
行銷企劃　羅詠馨

發 行 部　侯莉莉
財 務 部　許麗娟、陳美齡
印　　務　許丁財
出 版 者　四塊玉文創有限公司

總 代 理　三友圖書有限公司
地　　址　一〇六台北市安和路二段二一三號九樓
電　　話　(02) 2377-4155
傳　　真　(02) 2377-4355
E-mail　service@sanyau.com.tw
郵政劃撥　05844889 三友圖書有限公司

總 經 銷　大和書報圖書股份有限公司
地　　址　新北市新莊區五工五路二號
電　　話　(02) 8990-2588
傳　　真　(02) 2299-7900

製版印刷　卡樂彩色製版印刷有限公司

初　　版　二〇二〇年八月
一版二刷　二〇二三年二月
定　　價　新台幣三五〇元
ISBN　978-986-5510-32-9（平裝）



國家圖書館出版品預行編目 (CIP) 資料

樂齡的幸福課：設計你的下半場人生 / 魏惠娟, 王梅著. -- 初版. -- 台北市：四塊玉文創, 2020.08
面；　公分. -- (大齡人生；12)
ISBN 978-986-5510-32-9(平裝)

1. 老年 2. 生活指導

544.8　　109010642

# 好書推薦

**一群人的老後：**
**我在台北銀髮村的三千個日子**
黃育清 著／定價 290元

都說人生七十才開始，這階段的我們有新的迷惘與難題，也活出各自的美好與優雅。進入熟齡，擁有一段晚美人生，您準備好了嗎？

**老後的心聲 其實長輩們是這麼想：**
**一群人的老後2**
黃育清 著／定價 300元

本書提醒身為照顧者的你我，開始懂得思考身旁長輩需要一份怎樣的老後生活藍圖。一起聊天、一起生活，併肩牽手、相伴走最後一段路。

**預約。好好告別：**
**人生最後的期末考，讓我們好好說再見**
朱為民 著／定價 300元

你曾想過，要怎麼自在又從容的下台，又怎麼有尊嚴地離開？讓我們一起預約一場美好的告別，讓我們一起好好說再見……

**只想為你多做一餐：**
**65歲阿伯與92歲磨人媽，笑與淚的照護日誌**
鄭城基 著／胡椒筒 譯／定價 330元

為了照顧失智症中期的母親，65歲的兒子每天為92歲的老母親下廚煮飯。希望能藉此記錄與母親的每個珍貴瞬間。

**急救，比醫生快一步：**
**搶救生命一分鐘，50個不可不學的現場急救法**
賈大成 著／定價 320元

分秒必爭的關鍵時刻，50個必學的現場急救知識，教你拯救自己及家人寶貴的生命！

**戰勝巴金森病**
村田美穗 著／李瑷祺 譯／定價 350元

金森病與中風及失智症併列為高齡者的三大神經疾病，台灣社會高齡化速度全世界最快，巴金森病將成為21世紀不可輕忽的疾病。

**面對失智症，你可以不恐懼！**
奧村步 著／李瑷祺、陳柏瑤 譯／定價 260元

從醫療、照護方式、社會媒體等面向，一一解開對「失智症」「失智症患者」的重大誤解，找回和親愛家人的幸福生活。

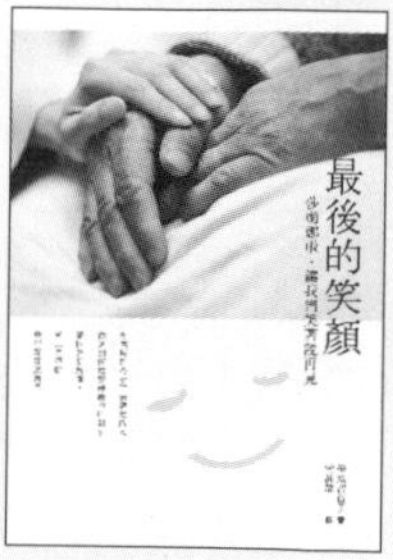


**最後的笑顏：**
**莎喲娜啦，讓我們笑著說再見**
笹原留似子 著／常純敏 譯／定價 260元

如果時間帶走了最親愛的人，你該如何做好最後的道別？正因為是最後，所以即使再怎麼不捨，也得好好說再見。

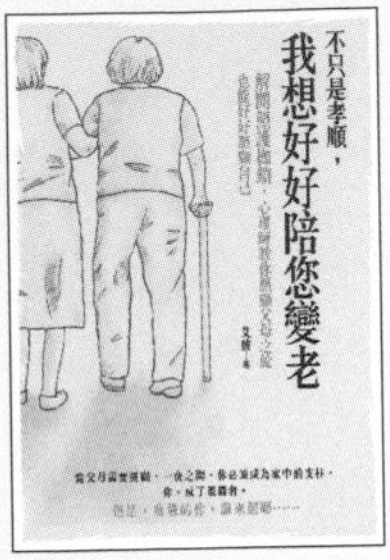


**不只是孝順，我想好好陪您變老：**
**解開照護枷鎖，心理師教你照顧父母之餘也能好好照顧自己**

艾彼 著／定價 290元

不需要質疑自己，你只是累了！就讓心理師來告訴你，照顧父母之餘該怎麼照顧自己。讓你和至親家人的長照日常，溫馨美好。

**解開照護枷鎖：**
**人生必修的長照課，照顧家人你一定要知道的事**

陳乃綾 著／定價 320元

面對家中的年老長輩，照顧者，其實可以不必再疲勞、焦慮與自責。被照顧者，也可以有機會有尊嚴、獲得更專業的照顧。

**陪你到最後，安寧護理師的生命教育課：**
**春落下的幸福時光**

李春杏 著／定價 320元

在生命的最後，我們都需要好好梳理自己與他人的關係，曾經因錯過、背叛、誤會而未解的難題，若不去理會，最後只會留下滿滿的遺憾。

**不累的生活：**
**正念紓壓，讓照護更得心應手**

吳錫昌 著／定價 320元

本書告訴你，能真正紓壓的方法，提供16個正念小工具，加上作者親自錄製的引導語QRcode，教你重新擁有不累的生活。

| 廣告回函 |
| --- |
| 台北郵局登記證 |
| 台北廣字第2780 號 |

地址：　　　縣/市　　　　鄉/鎮/市/區　　　　路/街

段　　　巷　　　弄　　　號　　　樓

SANYAU

# 三友圖書有限公司 收

SANYAU PUBLISHING CO., LTD.

106　台北市安和路2段213號4樓

SANYAU
三友圖書
讀書俱樂部

「填妥本回函，寄回本社」，
即可免費獲得好好刊。

\ 粉絲招募歡迎加入 /

臉書／痞客邦搜尋
**「四塊玉文創／橘子文化／食為天文創
三友圖書——微胖男女編輯社」**
加入將優先得到出版社提供的相關
優惠、新書活動等好康訊息。

四塊玉文創×橘子文化×食為天文創×旗林文化
http://www.ju-zi.com.tw
https://www.facebook.com/comehomelife

親愛的讀者：

感謝您購買《樂齡的幸福課：設計你的下半場人生》一書，為感謝您對本書的支持與愛護，只要填妥本回函，並寄回本社，即可成為三友圖書會員，將定期提供新書資訊及各種優惠給您。

姓名＿＿＿＿＿＿＿＿＿＿ 出生年月日＿＿＿＿＿＿＿＿＿＿

電話＿＿＿＿＿＿＿＿＿＿ E-mail＿＿＿＿＿＿＿＿＿＿

通訊地址＿＿＿＿＿＿＿＿＿＿＿＿＿＿＿＿＿＿＿＿

臉書帳號＿＿＿＿＿＿＿＿＿＿＿＿＿＿＿＿＿＿＿＿

部落格名稱＿＿＿＿＿＿＿＿＿＿＿＿＿＿＿＿＿＿＿

**1** 年齡
□ 18 歲以下 □ 19 歲～ 25 歲 □ 26 歲～ 35 歲 □ 36 歲～ 45 歲 □ 46 歲～ 55 歲
□ 56 歲～ 65 歲 □ 66 歲～ 75 歲 □ 76 歲～ 85 歲 □ 86 歲以上

**2** 職業
□軍公教 □工 □商 □自由業 □服務業 □農林漁牧業 □家管 □學生
□其他＿＿＿＿＿＿＿＿＿＿

**3** 您從何處購得本書？
□博客來 □金石堂網書 □讀冊 □誠品網書 □其他＿＿＿＿＿＿
□實體書店＿＿＿＿＿＿＿＿＿＿

**4** 您從何處得知本書？
□博客來 □金石堂網書 □讀冊 □誠品網書 □其他＿＿＿＿＿＿
□實體書店＿＿＿＿＿＿
□ FB（四塊玉文創／橘子文化／食為天文創 三友圖書－微胖男女編輯社）
□好好刊（雙月刊） □朋友推薦 □廣播媒體

**5** 您購買本書的因素有哪些？（可複選）
□作者 □內容 □圖片 □版面編排 □其他＿＿＿＿＿＿

**6** 您覺得本書的封面設計如何？
□非常滿意 □滿意 □普通 □很差 □其他＿＿＿＿＿＿

**7** 非常感謝您購買此書，您還對哪些主題有興趣？（可複選）
□中西食譜 □點心烘焙 □飲品類 □旅遊 □養生保健 □瘦身美妝 □手作 □寵物
□商業理財 □心靈療癒 □小說 □其他＿＿＿＿＿＿

**8** 您每個月的購書預算為多少金額？
□ 1,000 元以下 □ 1,001 ～ 2,000 元 □ 2,001 ～ 3,000 元 □ 3,001 ～ 4,000 元
□ 4,001 ～ 5,000 元 □ 5,001 元以上

**9** 若出版的書籍搭配贈品活動，您比較喜歡哪一類型的贈品？（可選 2 種）
□食品調味類 □鍋具類 □家電用品類 □書籍類 □生活用品類
□ DIY 手作類 □交通票券類 □展演活動票券類＿＿＿＿＿＿

**10** 您認為本書尚需改進之處？以及對我們的意見？
＿＿＿＿＿＿＿＿＿＿＿＿＿＿＿＿＿＿＿＿

**感謝您的填寫，**
**您寶貴的建議是我們進步的動力！**

【黏貼處】對折後寄回，謝謝。

列出願望清單、設計安可職涯，
下半場人生也能成為夢想的起跑點！

大齡人生